U0515638

海上絲綢之路基本文獻叢書

中國史乘中未詳諸國考證

〔法〕希勒格 著 馮承鈞 譯

文物出版社

圖書在版編目（CIP）數據

中國史乘中未詳諸國考證 /（法）希勒格著 ；馮承鈞譯. -- 北京 : 文物出版社, 2022.7
（海上絲綢之路基本文獻叢書）
ISBN 978-7-5010-7663-5

Ⅰ. ①中… Ⅱ. ①希… ②馮… Ⅲ. ①歷史地理－考證－世界 Ⅳ. ① K916

中國版本圖書館 CIP 數據核字（2022）第 087155 號

海上絲綢之路基本文獻叢書

中國史乘中未詳諸國考證

著　　者：〔法〕希勒格
策　　劃：盛世博閱（北京）文化有限責任公司

封面設計：鞏榮彪
責任編輯：劉永海
責任印製：張　麗

出版發行：文物出版社
社　　址：北京市東城區東直門内北小街 2 號樓
郵　　編：100007
網　　址：http://www.wenwu.com
經　　銷：新華書店
印　　刷：北京旺都印務有限公司
開　　本：787mm×1092mm　1/16
印　　張：13.625
版　　次：2022 年 7 月第 1 版
印　　次：2022 年 7 月第 1 次印刷
書　　號：ISBN 978-7-5010-7663-5
定　　價：98.00 圓

總緒

海上絲綢之路，一般意義上是指從秦漢至鴉片戰争前中國與世界進行政治、經濟、文化交流的海上通道，主要分爲經由黄海、東海的海路最終抵達日本列島及朝鮮半島的東海航綫和以徐聞、合浦、廣州、泉州爲起點通往東南亞及印度洋地區的南海航綫。

在中國古代文獻中，最早、最詳細記載『海上絲綢之路』航綫的是東漢班固的《漢書·地理志》，詳細記載了西漢黄門譯長率領應募者入海『齎黄金雜繒而往』之事，書中所出現的地理記載與東南亞地區相關，并與實際的地理狀况基本相符。

東漢後，中國進入魏晋南北朝長達三百多年的分裂割據時期，絲路上的交往也走向低谷。這一時期的絲路交往，以法顯的西行最爲著名。法顯作爲從陸路西行到印度，再由海路回國的第一人，根據親身經歷所寫的《佛國記》（又稱《法顯傳》）一書，詳細介紹了古代中亞和印度、巴基斯坦、斯里蘭卡等地的歷史及風土人情，是瞭解和研究海陸絲綢之路的珍貴歷史資料。

隨着隋唐的統一，中國經濟重心的南移，中國與西方交通以海路爲主，海上絲綢之路進入大發展時期。廣州成爲唐朝最大的海外貿易中心，朝廷設立市舶司，專門管理海外貿易。唐代著名的地理學家賈耽（七三〇～八〇五年）的《皇華四達記》記載了從廣州通往阿拉伯地區的海上交通『廣州通夷道』，詳述了從廣州港出發，經越南、馬來半島、蘇門答臘半島至印度、錫蘭，直至波斯灣沿岸各國的航綫及沿途地區的方位、名稱、島礁、山川、民俗等。譯經大師義净西行求法，將沿途見聞寫成著作《大唐西域求法高僧傳》，詳細記載了海上絲綢之路的發展變化，是我們瞭解絲綢之路不可多得的第一手資料。

宋代的造船技術和航海技術顯著提高，指南針廣泛應用於航海，中國商船的遠航能力大大提升。北宋徐兢的《宣和奉使高麗圖經》詳細記述了船舶製造、海洋地理和往來航綫，是研究宋代海外交通史、中朝友好關係史、中朝經濟文化交流史的重要文獻。南宋趙汝適《諸蕃志》記載，南海有五十三個國家和地區與南宋通商貿易，形成了通往日本、高麗、東南亞、印度、波斯、阿拉伯等地的『海上絲綢之路』。宋代爲了加强商貿往來，於北宋神宗元豐三年（一〇八〇年）頒佈了中國歷史上第一部海洋貿易管理條例《廣州市舶條法》，并稱爲宋代貿易管理的制度範本。

元朝在經濟上採用重商主義政策，鼓勵海外貿易，中國與歐洲的聯繫與交往非常頻繁，其中馬可·波羅、伊本·白圖泰等歐洲旅行家來到中國，留下了大量的旅行記，記録元代海上絲綢之路的盛況。元代的汪大淵兩次出海，撰寫出《島夷志略》一書，記録了二百多個國名和地名，其中不少首次見於中國著録，涉及的地理範圍東至菲律賓群島，西至非洲。這些都反映了元朝時中西經濟文化交流的豐富内容。

明、清政府先後多次實施海禁政策，海上絲綢之路的貿易逐漸衰落。但是從明永樂三年至明宣德八年的二十八年裏，鄭和率船隊七下西洋，先後到達的國家多達三十多個，在進行經貿交流的同時，也極大地促進了中外文化的交流，這些都詳見於《西洋蕃國志》《星槎勝覽》《瀛涯勝覽》等典籍中。

關於海上絲綢之路的文獻記述，除上述官員、學者、求法或傳教高僧以及旅行者的著作外，自《漢書》之後，歷代正史大都列有《地理志》《四夷傳》《西域傳》《外國傳》《蠻夷傳》《屬國傳》等篇章，加上唐宋以來衆多的典制類文獻、地方史志文獻，集中反映了歷代王朝對於周邊部族、政權以及西方世界的認識，都是關於海上絲綢之路的原始史料性文獻。

海上絲綢之路概念的形成，經歷了一個演變的過程。十九世紀七十年代德國地理學家費迪南・馮・李希霍芬（Ferdinad Von Richthofen，一八三三～一九〇五），在其《中國：親身旅行和研究成果》第三卷中首次把輸出中國絲綢的東西陸路稱爲『絲綢之路』。有『歐洲漢學泰斗』之稱的法國漢學家沙畹（Édouard Chavannes，一八六五～一九一八），在其一九〇三年著作的《西突厥史料》中提出『絲路有海陸兩道』，蘊涵了海上絲綢之路最初提法。迄今發現最早正式提出『海上絲綢之路』一詞的是日本考古學家三杉隆敏，他在一九六七年出版《中國瓷器之旅：探索海上的絲綢之路》中首次使用『海上絲綢之路』一詞；一九七九年三杉隆敏又出版了《海上絲綢之路》一書，其立意和出發點局限在東西方之間的陶瓷貿易與交流史。

二十世紀八十年代以來，在海外交通史研究中，『海上絲綢之路』一詞逐漸成爲中外學術界廣泛接受的概念。根據姚楠等人研究，饒宗頤先生是華人中最早提出『海上絲綢之路』的人，他的《海道之絲路與昆侖舶》正式提出『海上絲路』的稱謂。選堂先生評價海上絲綢之路是外交、貿易和文化交流作用的通道。此後，大陸學者馮蔚然在一九七八年編寫的《航運史話》中，使用『海上絲綢之路』一詞，這是迄今學界查到的中國大陸最早使用『海上絲綢之路』的人，更多地限於航海活動領域的考察。一九八〇年北京大學陳炎教授提出『海上絲綢之路』研究，并於一九八一年發表《略論海上絲綢之路》一文。他對海上絲綢之路的理解超越以往，且帶有濃厚的愛國主義思想。陳炎教授之後，從事研究海上絲綢之路的學者越來越多，尤其沿海港口城市向聯合國申請海上絲綢之路非物質文化遺産活動，將海上絲綢之路研究推向新高潮。另外，國家把建設『絲綢之路經濟帶』和『二十一世紀海上絲綢之路』作爲對外發展方針，將這一學術課題提升爲國家願景的高度，使海上絲綢之路形成超越學術進入政經層面的熱潮。

與海上絲綢之路學的萬千氣象相對應，海上絲綢之路文獻的整理工作仍顯滯後，遠遠跟不上突飛猛進的研究進展。二〇一八年厦門大學、中山大學等單位聯合發起『海上絲綢之路文獻集成』專案，尚在醞釀當中。我們不揣淺陋，深入調查，廣泛搜集，將有關海上絲綢之路的原始史料文獻和研究文獻，分爲風俗物産、雜史筆記、海防海事、典章檔案等六個類别，彙編成《海上絲綢之路歷史文化叢書》，於二〇二〇年影印出版。此輯面市以來，深受各大圖書館及相關研究者好評。爲讓更多的讀者親近古籍文獻，我們遴選出前編中的菁華，彙編成《海上絲綢之路基本文獻叢書》，以單行本影印出版，以饗讀者，以期爲讀者展現出一幅幅中外經濟文化交流的精美畫卷，爲海上絲綢之路的研究提供歷史借鑒，爲『二十一世紀海上絲綢之路』倡議構想的實踐做好歷史的詮釋和注脚，從而達到『以史爲鑒』『古爲今用』的目的。

凡例

一、本編注重史料的珍稀性，從《海上絲綢之路歷史文化叢書》中遴選出菁華，擬出版百册單行本。

二、本編所選之文獻，其編纂的年代下限至一九四九年。

三、本編排序無嚴格定式，所選之文獻篇幅以二百餘頁爲宜，以便讀者閱讀使用。

四、本編所選文獻，每種前皆注明版本、著者。

五、本編文獻皆爲影印，原始文本掃描之後經過修復處理，仍存原式，少數文獻由於原始底本欠佳，略有模糊之處，不影響閱讀使用。

六、本編原始底本非一時一地之出版物，原書裝幀、開本多有不同，本書彙編之後，統一爲十六開右翻本。

目録

中國史乘中未詳諸國考證

中國史乘中未詳諸國考證

〔法〕希勒格 著　馮承鈞 譯

民國十七年商務印書館鉛印本

希勒格著
馮承鈞譯

尚志學會叢書

中國史乘中未詳諸國考證

商務印書館發行

尚志學會叢書

中國史乘中未詳諸國考證

商務印書館發行

尚志學會叢書

中國史乘中未詳諸國考證

中華民國十七年七月初版

每冊定價大洋伍角

外埠酌加運費匯費

原著者 希勒格

譯述者 馮承鈞

發行兼印刷者 上海寶山路 商務印書館

發行所 上海及各埠 商務印書館

Shang Chih Shu Wei Series

LES PEUPLES ÉTRANGERS CHEZ LES HISTORIENS CHINOIS

By

GUSTAVE SCHLEGEL

Translated by

FENG CHENG CHUN

1st ed., July, 1928

Price: $0.50, postage extra

THE COMMERCIAL PRESS, LTD., SHANGHA

中國史乘中未詳諸國考證

目錄

中國史乘中未詳諸國考證卷一

扶桑國考證

當十八世紀中葉時，金勒（De Guignes）氏報告史學院（Académie des Inscriptions et Belles-Lettres），謂其尋究中國古史，曾發見紀元後五世紀時，已有中國僧人至扶桑，扶桑卽在美洲之西，今之墨西哥地方云云（按金勒氏之報告書，已於一七六一年刊載於學院記錄（Mémoires de l'Académie）二十八卷五〇五至五二五頁，原名美洲海岸中國人航跡之尋究（Recherches sur les Navigations des Chinois du côté de l'Amérique）。

此說一經宣布，發生極大影響，學界頗爲驚異，蓋哥崙布發見美洲九百年前，已有中國人先蒞其地也。

至一八四一年時，米尼克 (Munich) 之留曼 (Carl Friedrich Neumann) 教授，更以一種較長之記錄證實金勒之說，謂扶桑即今之墨西哥。

但二氏之說德國東方語學專家克拉卜洛特 (Julius Heinrich Klaproth) 曾反駁之，特無滿足之證明耳。〔按克氏反駁之文見一八三四年日本皇帝紀年 (Annales des Empereurs du Japon) 四頁及旅行新年鑑 (Nouvelles Annales des Voyages) 二十一卷第二類，一八三一年刊〕

至一八七五年時，李南得 (Charles G. Leland) 氏曾刊布一小册子，名扶桑或五世紀中國僧人美洲之發見 (Fu-sang or the Discovery of America by Chinese Buddhist Priests in the Fifth Century, London, Trübner)，亦贊同金勒及其師留曼之說。

予少年時頗留心此項問題。及善卜遜 (Theos. Sampson) 氏於關於中日之記錄及質疑 (Notes and Queries on China and Japan) 雜誌中，刊布一種記錄 (三卷七十八頁) 之後，復引起予尋究之興趣，遂亦於該雜誌中 (四卷十九頁) 刊布一種關於尋究扶桑之建議。予主張於本雜誌中搜集並刊布散見於中國書籍中所有關於扶桑一地之材料；設材料充足，自不難斷定扶桑位置何處也。

此議提出之後除布利側耐德(E. Bretschneider)氏於中國記述及傳教師雜誌(Chinese Recorder and Missionary Journal)（三卷一八七〇年十月刊）中見一關係扶桑之文外，無一答復者。但布氏之文僅討論金勒及留曼二氏之說，其討論亦不甚愼重，蓋僅揶揄其學敵或辯論中國僧人之信實，一如亞善特(le P. Hyacinthe)神甫之論，不足以解決一種科學問題也。此外尚有巴拉維(de Paravey)氏之兩小册子，一名美洲之名扶桑五世紀中國史中曾否引證，一名名稱扶桑之美洲，扶桑即美洲之新證據，及其他關於此項問題之著述，予皆略而不述。讀者可取戈耳傑(H. Cordier)氏之中國書目(Bibliotheca Sinica)觀之（一二七三至一二七六頁），不難見其全豹矣。

此種百餘年討論之問題，迄今尚爭訟未決，蓋主張及反對兩派皆不能有確斷的證明也。

予於一八七〇年在記錄及質疑雜誌中所提出之建議，既無人答復，茲予自爲此項工作，取手中現有之中國書籍搜求扶桑事跡。第此種搜求所費時間須久，蓋關於扶桑之記載，散見於各種書籍之中，有時且見之於人所向不搜尋書籍之內。予今之所供獻者，蓋爲搜求之結果及予所得之論斷耳。

扶桑一地，雖爲我輩歐洲人所未詳，但中國人似人盡知之。

中國人之對於扶桑，一如對於日本台灣高麗琉球及其他東海諸島，知之久矣。日本取扶桑以自名，國書彙成邊裔典，列於已詳諸國之內。至東方未詳諸國部彙考中，有君子國，玄服國，毛民國，勞民國，小人國，蓋余國，困民國，長人國，女人國，始鳩國，女和月母國，中容國，壎民國，夏州國，白民國，司幽國，嬴土國，蔿國，支提國，吉雲國，胥池國，晡東國，數過國，泥離國，背明國，鬱夷國，含明國，移池國，浣腸國，日林國，彌羅國，吳明國，滄浪洲，大軫國，淛東國，介氏國，安家國，紵嶼等國，而無扶桑。在耶穌會傳教師未至中國之前，中國通俗著述，如幼學羣芳日用便覽等書所刊之輿圖，曾排列環衛中國海岸諸島，其位置固有錯誤，然足以證明扶桑非待考之地。試取其地圖觀之，南方福建沿岸有萬丹，此地非爪哇之班丹（Bantam），乃今之暹羅南部及馬來之北部（見 Groeneveldt,

Notes on the Malay Archipelago, p. 82.)。次臺灣，琉球，又次日本與浙江臺州相對。揚子江口松江附近，有崇明島。山東附近有濟州島。朝鮮之南有扶桑。遼東沿岸有鴨綠山諸島之位置，除臺灣崇明而外，皆有錯誤。吾人列述之者，特說明扶桑與臺灣日本高麗並傳也。

郭比耳神甫 (le P. Gaubil) 曾見此種舊圖，並云：『據圖載，扶桑在琉球之東，日本東部之北，附近有女人國，日本東部之東北有大漢國，國在琉球之西北，以上諸國皆爲島嶼』（見郭氏致金勒氏書，亞洲報 (Journal asiatique) 一八三二年刊，十卷，三九二頁。）

又據馬端臨文獻通考（四裔考東夷卷三二四至三二七），就地位次序所誌諸國，先述朝鮮，朝鮮分東部之濊貊，西部之馬韓，或辰韓，東海沿岸文身之弁韓，北部之夫餘等部。次述倭，即日本。復次越海述高句麗，地在遼東。復次述朝鮮東南之豆莫婁，百濟，新羅諸國，及沃沮，挹婁等小國。再次述朝鮮北方之靺鞨，在隋以前，此國名勿吉，分爲七部，女眞渤海屬焉。

馬氏於記述遼東及南滿各民族之後，復越日本海，述日本之北海道，此地中國古稱蝦夷，馬氏云：『蝦夷海島中小國也，其使鬚長四尺，尤善弓矢，插箭於首，令人戴之而立，數十步無不中者，唐顯慶四年（紀元六五九年）隨倭國使至入朝。』

蝦夷之後，記述扶桑，扶桑一地吾人以爲卽中國名稱之庫葉，日本名稱之樺太，而歐洲地理學者誤稱爲薩哈連者是也。（按樺太島至一七二一年，歐洲地理學者見康熙中耶穌會神甫所刊之韃靼地方輿圖始獲知之）此地圖一份曾寄至法國革命前尚存於費塞（Versailles）王宮之國王圖書館中。安維耳（D'Anville）曾有模本，先刊於哈耳德神甫（Du Halde）之著作中，旋刊於中國韃靼及西藏新地圖中「海牙（La Haye）一七三七年版」。據此圖樺太島與黑龍江口相對，幷無薩哈連之名，惟江口數小島載有薩哈連昂伽哈達（Sakhalian angga khada）之名，安維耳譯其義爲黑口島，克拉卜洛特譯其義爲黑口巖，而手民排印省稱其名曰薩哈連，是樺太與薩哈連原不相涉也。俄國人舊日報告因吉耳甲幾（Giljaki）族居於黑龍江左岸，曾定其名爲吉耳甲特（Giljat）。日本地理學者曾名樺太爲奧地，因其地在北海道之後也。中國之地理學者亦稱其地爲奧地，或奧州，其名見邊裔典卷三十三日本條下（按本註見通報二卷四〇四頁。）

中國書籍中有山海經，世界中最古之旅行指南也。其卷九海外東經中所誌諸國有蹉丘，一名髮丘，淮南子作華邱，在狄山之東。大人國在其北，『其爲人大，坐而削船』。君子國在其北。蚩蚩及青丘國又在其北。青丘國在三韓之中（見史耐格耳中國天文學 Uranographie Chinoise, G. Schlegel 四八五頁）。其北又有黑齒國，『爲人黑，首下有湯谷，湯谷上有扶桑』。雨師妾在其北。『其爲人黑』。玄服之國在其北，『其爲人衣魚食鷗』。毛民之國在其北，『爲人身生毛』。此種毛民業經證明卽蝦夷矣，卷末殿以更北之勞民或曰教民，『爲人面目手足盡黑』。以上諸國，爲『勾芒之神』所司。據經註引尚書大傳云：『東方之極，自碣石（按在今之臨榆附近緯四〇度〇八分經一一六度五〇分）東至日出榑桑之野，大皞神勾芒司之』。淮南子時則訓云『東方之極，自碣石山過朝鮮，貫大人之國，東至日出之次，榑木之地，青土樹木之野，大皞勾芒之所司者萬二千里』。

又據山海經第十四大荒東經所誌，有大人之國，小人之國，蔿國，（按註云蔿國卽濊貊國，）中容之國（此國又見呂氏春秋，）君子國，白民國，青丘之國（此國在三韓之中見前，）黑齒之國，玄服之國。

又據大荒東經，『大荒之中有山名曰孽搖頵羝，上有扶木，柱三百里，其葉如芥。有谷曰溫源谷。湯谷上有扶木。』（扶桑在上。）

據南史東夷列傳，亦載有朝鮮，百濟，新羅，倭，文身，大漢，扶桑諸國。

中國東方諸國，既已列舉於前，茲就文獻通考，山海經二書，參以其他著述，依次考證之。但予考證之範圍，祇限於尙待考證諸國，其他位置已詳之國，皆略焉。

准前述之旨，從事考證，則通考所載最前之十四國，可勿庸尋究。茲以序列第十五之蝦夷爲始，蝦夷即山海經中所稱之毛民之國。

據山海經第九卷第四頁，關於毛民國之記述有云：『毛民之國，在其（玄服之國）北，爲人身生毛。』註云：今去臨海郡東南二千里，有毛人，在大海洲島上，（別一本作在夫洛川島上，）爲人短小，而體盡有毛，如猪，能穴居，無衣服。晉永嘉四年，吳郡司鹽都尉戴逢，在海邊得一船，（一本作舟，）上有男女四人，狀皆如此，言語不通，詣丞相府，未至道死，惟有一人在，上賜之婦，生子，出入市井漸曉人語，自說其所在，是毛民也。大荒經云，毛民食黍者是也（按今蝦夷尚食黍，其名黍曰阿曼（Amam），昔不識米，名之曰日本黍，今之旅行家皆能證明此事也。）

山海經第十七卷第二頁述北方諸國有云：『大荒之中……有毛民之國，依姓（按依亦音挨，鳥皆切，是與蝦夷語挨諾之音相近，挨諾爲蝦夷之自稱，義即人也），食黍，禹生均國，均國生役采（采一作來），役采生修鞈（藏經本作循鞈），修鞈殺綽人，帝念之，潛爲之國，是此毛民。』註云：『此似釋海外東經毛民國也。』

宋書當紀元九八四年時，亦記有毛人，據云：『日本東北隅，隔以大山，山外有毛人國，……東境接海島，夷人所居，身面皆有毛，東奧洲產黃金』（按邊裔典名樺太爲奧地，可以互相參證。）

據圖書集成邊裔典（四十一卷第八頁）云：『永徽初（紀元六五〇年時），日本王天智（Ten-di ten-wo.）立，明年使者與蝦夷人來朝，蝦夷居海島中，其使者鬚長四尺許，珥箭於首，令人戴瓠立數十步，射無不中。』按此事唐書高宗本紀不載，日本傳載之。

又據邊裔典所錄日本傳，誌蝦夷來朝事有云：『蝦夷海島中小國也，其使鬚長四尺，尤善弓矢，插箭於首，令人載之而立，數十步無不中者。唐顯慶四年（紀元六五九年）十月，隨倭國使至入朝。』蝦夷人善弓矢之風，至今猶然，司徒特伽（Stuttgard）圖書館所藏書，有蝦夷潑畫（一八五九年刊）一册，繪有蝦夷酋長引弓插矢於髮之圖。

茲吾人北渡宗谷峽（Le détroit de la Pérouse），至樺太島，證明斯地即爲古之扶桑。

扶桑國

中國之東有一大島，古時中國人已略有所聞，茲先據山海經考證之。山海經一書，一如希臘古代歷史家耶洛多特（Hérodote），詬謗之者頗多，然傳之愈久，眞理愈明，特須加以揀擇耳。古人之記述，因所處時代之關係，篤信神奇，或實事與神話相羼雜，或以神奇飾實事，吾人不盡能抉剔之也。

據山海經第九卷海外東經所述，『湯（一作暘又作崵）谷上有扶桑，十日所浴，在黑齒北，居水中，有大木，九日居下枝，一日居上枝。』又據第十四卷大荒東經所述，『湯谷上有扶木（扶桑在上），一日方至，一日方出，皆載千烏（中有三足烏）』

吾人茲先抉剔其神奇之外表。十日之說，據莊周（紀元前三三〇年時）云：『堯時（紀元前二三五七年時）十日並出，草木焦枯。』淮南子云：『堯乃令羿射十日，中其九日，日中烏盡死。』離騷所謂『羿焉彈日，烏焉落羽』者也。歸藏鄭母經云：『昔者羿善射，畢十日，果畢之。』汲郡竹書曰：『胤甲即位，居西河，有妖孽，十日並出。』明此自然之異，有自來矣。傳曰：『天有十日，日之數十。』此云：『九日居下枝，一日居上枝。』則十日之說，已散見各書。然則為事實歟？抑神話歟？考此種自然現象，世實有之。十日之現，實為幻日，乃日暈所映之光輪，非神異也。一八七一年六月十九日早八時至十一時半間，爪哇之保阿克脫（Poerwokerto）地方，曾見六日並出，日之左右各出一日，日之對面又見一日，對見兩日圓線左方又見二日，諸日似為微雲所蔽。此現象已刊載於爪哇政府公報中。中國有一專書，名祥異圖記，解釋現象，以斷災祥之著作也。此書以為二日並出，國家將亂；三日並出，諸侯爭戰；三旬眾日平出，國家兩軍對敵；數日並出，將有大戰。此種解說，與歐洲中世紀之解說現象，頗相類也。

古代中國人以東海為日出之區，此日本國名之由來也。顧扶桑亦在東方，距大陸又較日本爲近，遂以爲日出之地。故淮南子云：『日出於暘谷，浴於咸池，拂於扶桑，是謂晨明，登於扶桑之上，爰始將行。』又云：『日西垂，景在於樹端，謂之桑榆。』是據中國古說東方爲扶桑，日落處爲桑榆，扶桑說文作榑桑，許氏釋其義云：『榑桑，神木，日所出也。』總而言之，皆言日出於東方大樹之後，可無疑也。

據邊裔典（卷四十一）扶桑部雜錄云：『其地乃在中國東，或謂日出扶桑，以日自東方出耳，猶倭自謂日出處天子耳。』（按日本人呼日曰天道樣。）

據楊炯渾天賦，謂『扶桑臨於大海。』李白詩謂『西海栽若木，東溟植扶桑。』竟以扶桑爲日。

吾人於解釋扶桑究爲何種樹木之前，茲再引據紀元二世紀之一名著，以決定應於何處尋究扶桑。此書名十洲記，相傳爲東方朔之著作，其敍扶桑更較翔實。據云：『扶桑在東海之東岸，岸直陸行，登岸一萬里，東復有碧海。海廣狹浩汗，與東海等，水既不鹹苦，正作碧色，甘香味美。扶桑在碧海之中，地方萬里，上有太帝宮，大真東王父所治處。地多林木，葉皆如桑樹，長者數千丈，大二千餘圍，樹兩兩同根偶生，更相依倚，是以名爲扶桑。仙人食其椹，而一體皆作金光色，飛翔空立。其樹雖大，其葉椹故如中夏之桑也。但椹稀而色赤，九千歲一生實耳。味絕甘香美。地生紫金九玉，如中夏之瓦石狀。』

前文若剔除其神話，可得如下之事實：扶桑爲東海之一島，其中之碧海，卽今地圖所載之日本海，所生之樹卽 Broussonetia papyrifera （按卽楮樹）卽造紙之樹也。其實圓而其色深紫，仙人予以爲恐卽山人之訛。日本史謂蝦夷之山民『登山如飛禽，行草如走獸』，故東方朔以其能飛翔空立。紫金爲樺太之出產，人已知之。至其所產之藍色曜石，一名樺太玉(Krafto-tama)，其對徑大有二三公分（參照 Von Siebold, Voyage de Maerten Gerritsz, Vries, p. 170 一七〇頁）。

扶桑之爲樺太，既已說明於前，茲請進而說明沙門慧深之事。扶桑國沙門慧深至中國時，在南齊東昏侯永元元年（紀元四九九年時）。此事齊書本紀不載，茲據南史東夷傳云：『扶桑國者，齊永元元年，其國有沙門慧深來至荊州，說云：扶桑在大漢國東二萬餘里，地在中國之東，其土多扶桑木，故以爲名。扶桑葉似桐，「按據何夫曼（Hoffmann）及宿爾特（Schultes）之說，桐卽Pawlownia imperialis」初生如笋，國人食之，實如梨而赤，績其皮爲布，以爲衣，亦以爲棉。作板屋，無城郭，有文字，以扶桑皮爲紙。無兵甲，不攻戰。其國法有南北獄，若有犯輕罪者入南獄（按蝦夷語獄名 Rotchiyé，南獄名 Hikata rochiyé），重罪者入北獄（按蝦夷語北獄名 Mat'nau 或 Matuo rochiyé）。有赦則赦南獄，不赦北獄。在北獄者，男女相配，生男八歲爲奴，生女九歲爲婢，犯罪之身，至死不出。貴人有罪，國人大會，坐罪人於坑，對之宴飮，分訣若死別焉。以灰繞之，其一重則一身屛退，二重則及子孫，三重者則及七世。名國王爲乙祁，貴人第一者爲大對盧，第二者爲小對盧，第三者爲納咄沙。國王行有鼓角導從。其衣色隨年改易，甲乙年青，丙丁年赤，戊己年黃，庚辛年白，壬癸年黑。有牛角甚長，以角載物，至勝二十斛。車有馬車、牛車、鹿車。國人養鹿，如中國畜牛，以乳爲酪。有赤梨，經年不壞。多蒲萄（一本作蒲桃）。其地無鐵有銅，不貴金銀。市無租估。其婚姻法，則壻往女家門外作屋，晨夕灑掃，經年而女不悅，卽驅之，相悅乃成婚。婚禮大抵與中國同。親喪七日不食，祖父母喪五日不食，兄弟伯叔姑姊妹喪三日不食。設坐（一本作靈）爲神像，朝夕拜奠，不制衰絰。嗣王立三年不親國事。其俗舊無佛法，宋大明二年，罽賓國嘗有比丘五人遊行至其國流通佛法經像，教令出家，風俗遂改。』

吾人於討論慧深之說之先，試再引據梁四公記所述關於扶桑之事，以供考證之資。按梁四公記：『梁天監中，有蜀闖，䱷杰，㲉𪖈，仉胥四公謁武帝，……杰公嘗與諸儒語及方域云，『東至扶桑，扶桑之蠶長七尺，圍七寸，色如金，四時不死。五月八日嘔黃絲，布於條枝而不爲繭，脆如綖。燒扶桑木灰汁煮之，其絲堅韌，四絲爲係，足勝一鈞。蠶卵大如燕雀卵，產於扶桑下，齎卵至句麗，蠶變小如中國蠶耳。其王宮內有水精城，可方一里，天未曉而明如晝，城忽不見，其月便蝕。俄而扶桑國使使貢方物，有黃絲三百斤，卽扶桑蠶所吐，扶桑灰汁所煑之絲也。帝有金爐重五十斤，係六絲以懸爐，絲有餘力。又貢觀日玉，大如鏡，方圓尺餘，明澈如琉璃，映日以觀，見中宮殿皎然分明。帝令杰公與使者論其風俗土地物產城邑山川，並訪往昔存亡，又識使者祖父伯叔兄弟，使者流涕拜伏』（見圖書集成方輿彙編邊裔典卷四十一。）

關於扶桑之資料，玆再引三才圖會一書以考之。此書繪有一扶桑人取鹿乳之圖，附以說明云：『扶桑在大漢國東，作板屋，無城郭。宋武帝時，罽賓有人至其國，其國人養鹿爲牛，取乳。』據此則三才圖會之著者，似自以爲曾見扶桑士人及其畜鹿也。又據南史列傳（六十九）『扶桑國在昔未聞也。梁普通中（紀元五二〇至五二六），有道人稱自彼而至，其言元本尤悉，故并錄焉』。

予偶翻閱廣事類賦鰕字條下，亦見有述蝦夷事之文，其解說中國人名其人爲蝦夷者，因其毛身長鬚耳。顧長鬚之國，此處則明言其爲扶桑。

段成式所著酉陽雜俎一書，其中所誌怪異之事，固不少見，然亦一考古有價值之書也。其中有一條述扶桑事云：『大定初有士人隨新羅使，風吹至長鬚國，地曰扶桑洲。拜士人爲司風長，兼駙馬。見姬嬪悉有鬚，因賦詩曰：『花無葉不好，女無鬚亦醜。丈夫試遣無，未必不如有。』王大笑曰：『駙馬竟未能忘情於小女頤頷之間乎？』

予所搜集之一切新異材料，既已臚陳於前，茲再陸續討論之，并證明前所述關於扶桑之事，皆關係樺太島（即庫葉島或薩哈連島）之事。

扶桑木

扶桑地理位置在中國之東，此中西著作家所公認者也。中國人以扶桑為日出之地。至中國所述之距離里數，吾人切勿輕信；蓋中國人好浪費數目字，其記述戰事，計算兩方死亡，動輒有一二萬之多，其數若眞，中國居民之數早已減至最少之數矣。此數目問題，予與布利側耐德（參考 Fu-sang, or Who Discovered America, Chinese Recorder and Missionary Journal 一八七〇年十月三卷）及羅司尼教授 (de Rosny)［參考所著中國人種學 (Ethnographie des Chinois) 四章八十一頁以後論里之價值一節］二君之意相同。

研究之中，不可以此種過度的距離為根據，彰彰明矣。須取材於地方之出產，民族之敍述，以及其與中國及其他各地之交際關係。嘗考關於扶桑之記載，所有中國著述，皆誌有扶桑之一種樹木，及其可以造紙織布之樹皮。中國造紙之植物甚夥，據蘇易簡紙譜『蜀人以麻，閩人以嫩竹，北人以桑皮，剡溪以藤，海人以苔，浙人以麥麯稻稈，吳人以繭，楚人以楮。』楮即 Broussonetia Papirifera。

又據陳槱負暄野錄，『日本國出松皮紙，又扶桑國出芨皮紙，今中國惟有桑皮紙，』威耳司威廉(Wells-Williams)氏茂之定義，謂即『產於北海道之一種植物，其皮可爲紙。』威氏不知何所本。然威氏謂其產於北海道，而吾人則謂其產於樺太島，好在二島僅有一峽之隔，產於此不難亦產於彼也。據中國著述皮可爲布者，除扶桑木外，尚有一種兩島皆產之樹，樺太島今日尚有此種作物，昔日旅行家皆曾言之矣。謝波德(von Siebold)曾綜集此種敘述爲一小册子，言此種樹木名 Ats'ni 爲楮 Broussonetia 之一種。

但據雷德 (Leide) 王立植物收藏所所存之標本觀察之，Atsni 或 Atni 爲楡之一種 Ulmus montana, var. Laciniata。又據佘伯博士(Scheube)云，此種楡樹，日本名之曰 Ohiyo-no-ki，蝦夷名之曰 At ni，佘氏之說恐有錯誤。

北海道及樺太島作布之樹皮，蝦夷人名之曰 Ohiyo，日本人名之曰 Nire 或 Aknire，即中國之楡或榔楡。其造布之法，先以樹皮浸之沸水之中，然後搗碎，取其纖維，織以爲布。此法吾人曾於王立植物收藏所根據日本植物學者之言，以中日名稱之標本試之，其法洵不謬。第據何夫曼(Hoffmann)及宿爾特(Schultes)二氏之說，以爲日本之 Nire 或 Aknire，中國之楡，學名爲 Microptelea parvifolia。謝波特氏亦以爲是。希伯倫（Hepnurn）之和英字典，立說亦同。據孫邁司（Summers）之蝦夷英文字典（Aino-English Vocabulary）（二一四頁）Ohiyo 爲土人所稱之樹名，No 義爲「之」，Ki 義爲樹，猶桃樹爲 Momo no ki 也。

造布之樹不僅此也，考寰宇記『嶺南容州（在廣西）有勾芒木，可以爲布，里人斫之，新條更生，取之績以爲布。』

作布之樹之多，固如前所述。然吾人以爲中國所稱之扶桑，亦卽生於中國之楮（Broussonetia）。因中國著作所誌之扶桑樹實，形同楮實，楮實圓而軟，其色深紫，與扶桑樹實同也。楮樹古稱穀桑（詩疏，荆揚交廣謂之穀，殷中宗時桑穀共生是也。又書咸乂亳有祥桑穀共生於朝）亦稱楮桑，則東方朔之扶桑，疑卽楮之別名。

今日中國尙以其皮造紙作布，考詩疏，『今江南人績其皮以爲布，又擣以爲紙，謂之穀皮紙，其葉初生，可以爲茹』，一如扶桑人之作布造紙食樹葉也。

考廣州記：『蠻夷取穀皮熟搥以擬氈』，是楮皮亦可作氈也。

昔日中國人名之曰扶桑者，或以楮桑交生，如詩書所載，故以扶桑爲名。至扶榑二字之異，蓋音之假借，古常有之。吾人更須附帶言及者，楮樹高度自八公尺至十五公尺。

據沙門慧深所述，扶桑有赤梨，多蒲萄。今考樺太島及堪察加 (Kamtchatka) 地方，實產玫瑰果，爲普通玫瑰 (Rosa rugosa) 及堪察加玫瑰 (Rosa Kamtschatica) 之結實。蝦夷人名其果音如「毛」Mao。蝦夷人及堪察加人嗜食之。又考北海道地方產一種葡萄，色黑味爽，日本人名之曰蝦夷葡萄 (Yézo budô)。謝波德 (Von Siebold) 氏定其學名爲 Vitis jezoënsis，至蝦夷人名其樹爲 boungara，名其實爲 Hatou，是與慧深所說亦相符也。

梁四公記曾述及扶桑有蠶，布於此樹之上，西方學者頗難索解，吾人茲爲說明於下。

扶桑蠶

前者引梁四公記杰公之說，謂『扶桑之蠶長七尺，圍七寸，色如金，五月八日嘔黃絲，布於條枝，而不爲繭，脆如綖，燒扶桑木灰汁煑之，其絲堅韌，扶桑國使貢黃絲，帝有金爐重五十斤，係六絲以懸之，絲有餘力。』布利側耐德氏不信此事，以爲純爲中國沙門所臆造（見其所著之 Fu-sang, or Who Discovered America 三頁）但予以爲不然，其事頗易解說，無須臆造也。此蠶卽善卜遜 (Theos Sampson) 氏在關於中國日本之問題及質疑 (Notes and Queries on China and Japan) 雜誌四卷十頁至十二頁十二段中所誌之野蠶。善氏曾培養之，據云：蠶褐色，外觀似不能吐絲，黏結幷生存於樹枝或樹杈之上，如欲取蠶，須潤溼之，否則繭毀。所產之絲在中國嘉應州名曰程絲繭「據哈耳德神甫 (du Halde) 中國誌 (Description de la Chine) 一卷二一二頁所述此蠶今山東亦畜之，其蟲如蛹，產白絲，黏結於樹木之上，所製之綢，較家畜蛹吐絲所織者粗密堅固」蠶身長二英寸至二英寸半，對徑半英寸。其腹下色綠，兩肋及背有黃綫紋六，綠綫紋五。其絲除製綢之外，可以造漁網釣綸。廈門人名其絲爲蟲絲，名其蛹爲楓蟲，（楓卽 Liquidambar formosana），蓋蛹食楓葉也。通報二卷四〇二頁曾誌此蠶及其絲之作用，讀者當憶之也。

顧此蠶亦生於樺太，據謝波德 (von Siebold) 之日本文庫 (Nippon-Archiv)（七卷一七三頁）所述，日本人與蝦夷人以物易物，其中有釣綸，其名爲 Susi，係蠶絲所製。

，杰公所述蠶身之巨係張大其詞，必無可疑。即據其蠶卵至句麗蠶變小之言，是亦曾自矯其失矣。據其所述，可以證明扶桑在朝鮮附近，因其曾輸入樺太之蠶，試爲培養也。

至若杰公所述蠶有金色，今四川亦有此種。據魯應龍括地志云『金蠶蠶金色，食以蜀錦，取其遺糞置飲食中，毒人必死。』至若食楓葉之蠶，中國書籍亦見著錄。考事物紺珠及格致鏡原二書所記楓蠶一條有云：『楓葉始生有蟲食葉，如蠶，赤黑色，四月吐絲，光明如琴絃，海濱人取作釣緡，出潢州。』

鑛產

東方朔云，扶桑地生紫金。慧深云其地無鐵有銅，不貴金銀。此與扶桑一地完全適合。茲舉謝波德（von Siebold）所記荷蘭旅行家之所述以實之。

船長維利司（Vries）云在東伏見海灣（Aniwa）及巴威梯灣（Patientie）中，此輩頗重鐵物，曾以鳥羽獸皮與吾輩交易。戈恩（Coen）之日記云彼等以一最美之水獺皮易予船上之一舊斧。巴格（Bakker）云，任給彼等以多銀，彼等不受，寧取鐵……彼等頗愛絲綢，願以獸皮及多銀易之（見謝氏所記之Voyage de Maerten Gerritsz, Vries, 一一五頁。）爪司特（Quast）云停船於東伏見灣（Aniwa）之鮭魚浦（Saumons），土人來船甚夥，告予等云山中產銀甚饒，彼等視鐵較重於銀（同七五頁）。當時爪司特（Quast）達司曼（Tasman）維利司（Vries）沙卜（Schaep）等之遠航，皆專以尋求金銀爲目的者也（自九八至九九頁又一七一頁）

參以前之記述，與東方朔及慧深所述扶桑或樺太島多金銀無鐵之說，相較皆若合符也。至若東方朔所述之丸玉，及扶桑所貢之觀日玉，可於樺太所產之黃玉晶、紫晶、水晶、黑曜石，及日本所謂之樺太玉中尋之（樺太玉中國名曰青玉，據廣志云青玉出倭國）。謝波德（von Siebold）曾見對徑二三公分之曜石丸（見 Voyage de Vries 一百頁一一六頁一七〇頁）。予以爲此曜石丸，卽東方朔所述之丸玉；觀日玉卽水晶，特梁四公記加以過度之潤色耳。猶之魏略所云，『大食國以水晶爲柱，食器亦然』，皆不免有太過之附會也（格致鏡原引。）

動物

慧深云扶桑『有牛角甚長以角載物至勝二十斛。』又云『國人養鹿如中國畜牛以乳爲酪。』幷言扶桑有馬。扶桑之鹿，三才圖會繪有土人取乳之圖予前已引之。

謝波德 (von Siebold) 所記樺太之獸，鹿類有 Cervus sika 蝦夷名 Yük；麝類有 Moschus moschiferus 蝦夷名 Likin kamoi 有馴鹿 Cervus taranda 蝦夷名 Tonakai；羚羊之類有 Antelope crispa 蝦夷名 Nik。慧深云『扶桑有鹿車。』樺太有土人名俄洛尺苛族 (Orotsko) 佔全島人口七分之一，惟以馴鹿駕橇至樺太南部則用犬蓋馴鹿性甚柔馴，懼犬犬多之處不能用馴鹿也。富人養馴鹿多有十餘頭「見日本文庫 (Nippon-Archiv) 一八三頁及一九〇頁」土人名馴鹿爲陀羅開 (Tonakai) 人亦名爲堪達爾汗 (Kantarhan) 中國人名曰馬鹿，日本音爲 Balok 或 Barok。

康熙時（一七九一年頃）靄園主人所著之夜談隨錄卷四，人同一條，述及堪達爾汗有云：『似麋而大者曰堪達爾汗，「按滿文馴鹿名堪達汗見伽貝倫資之滿德字典 (H. C. von der

Gabelentz, Dict. Mandchou-Allemand, Abhandlungen für die kunde des Morgenlandes) 三册：二二八頁，一八六四年版。至堪達爾汗 (Kandargan) 或 Kandarhan，義爲馬勒或馬鞅，夜談隨錄譯音稍錯誤。」疑其即麋也（麋即馴鹿，通考女眞條云，女眞能釀麋爲酒。）前昂後低，多力，毛粗而長，爲裘暖，角扁而厚，爲決良。人以其皮可裘而角可決也，縣馬彎弓逐而殲之，獲利厚。』

俄人鹿與馴鹿不辨，皆名之曰俄南 (Olèn)，「按哈耳德神甫 (Le P. du Halde) 之中國誌卷四三十四頁云：滿洲名馴鹿爲汗達汗 (Hantahan)，又六十七頁云，別名俄隆 (Oron)，或即俄語俄南之轉音歟？」

夜談隨錄之誌馴鹿，聞自其老僕李德，謂德幼時有膂力，嘗負販於蒙古諸部落，其人情風土知之甚悉。客喀爾喀 (Kalkas)「按喀爾喀爲蒙古最富種族，其人數亞於察哈爾 (Tsakhares)」時，其人騎獸似鹿而非。杭靄山之西北，地名陀羅海，近黑道，七月雨雪，五月始釋，山之巔六月不釋。築土爲屋，門外堆霜結冰，極寒，人凍且死。茶一斤易一羊，十斤易一牛。惜冬苦寒，否則誠樂云云。此

原書缺頁

說。謝波德博士，佘伯(Scheube) 博士，及克魯深司登(von Krusenstern)等，曾有繪圖，刊載於彼等著述之中。

婚喪及風俗

慧深說扶桑之婚姻有云：「其婚姻法則壻往女家門外作屋，晨夕灑掃，經年而女不悅，卽驅之，相悅乃成婚，婚禮大抵與中國同。」吾人今日對於樺太島蝦夷之家庭生活，及其婚姻儀式，幾無所知。謝波德關於此事記載有云：蝦夷人婚姻之困難，一如他處。男子品行須佳，婚姻須納采於女父，幷須擇婦於素識之家。至若婚儀，吾人一無所知，男子祇能娶一妻，然富者亦可納一妾或數妾，妻妾不同居。（見日本文庫八册二一六頁）又據同一著者所述（同一九五頁），樺太蝦夷之婚儀與北海道蝦夷之婚儀同。男子欲娶婦，須先納聘禮於女父，村長給男子以鎧甲 (Bettsi)，婚聘始定。男子娶婦，常在百里之外，女家既遠，男子須築一臨時居宅於女家附近云。此種風俗，一切游牧民族皆有之。創世記所記雅各 (Jacob) 之娶拉吉 (Rachel)，曾服役於拉吉之父七年。吾人不必遠覓相類之事於創世記之中，卽近求之於室韋，其風習亦相類也。

室韋分五部，契丹之別類也。居於黑龍江附近，即與樺太相對。舊唐書（列傳卷一九九）記室韋婚儀有云：『婚嫁之法，男先就女舍三年役力，因得親迎其婦，役日已滿，女家分其財物，夫婦同車而載，鼓舞共歸。』新唐書記述較簡，據云：『婚嫁則男先傭女家三載，而後分以產，與婦共載，鼓舞而還』（列傳卷二一九。）

又據文獻通考（卷三四二）述烏桓之風有云：『烏桓本東胡也。漢初匈奴滅其國，餘類保烏桓山，因以爲號。其嫁娶先私通，掠將女或半歲或百日，然後遣送馬牛羊以爲聘幣。壻隨妻至家，無尊卑朝朝拜之，而不拜其父母。爲妻家僕役一二年，妻家乃更厚遣送女。』風俗亦相類也。

相類風俗又見於堪察加（Kamtchatka）地方之依突門（Itulmens）族。據史特萊(Steller)氏云：男役於女家一年至四年，女悅婚始定，否則驅之另謀役於他家。婚後壻居於女家，女父有時妻以次女（見 Beschreibung von dem Lande Kamtschatka, Steller 三四三至三四六頁。）男子最苦之役，即在夏日取冰雪於山巔，以供其未婚妻及其父之飲料（同三三二五頁。）然則慧深所說，不足異矣。

至若喪事，慧深有云『三日至七日不食，設靈朝夕拜奠，不制衰經。嗣王立，三年不親國事。』

至若謝波德所述蝦夷之喪禮，較爲嚴重。父喪子守制一年至三年不等（日本文庫八册二〇二及二二五頁。）佘伯（Scheube）氏云蝦夷喪期不等，俄商芒白（Oshamambe）地方死者之家，一星期不食魚肉，夫婦之喪在脫馬苛邁（Tomakomai）地方爲三日，火洛貝尺（Horobetsu）地方爲一年有半，俄脫錫伯（Otoshibe）地方爲三年。則慧深所云三日至三年，蓋概括言之也。謝波德云吾人不知蝦夷之喪儀，因爲樺太土人一聞人言死者，雖非親友，卽事流涕，不言其他（同三二五頁。）其不制衰經，雖如慧深所云，但樺太地方喪期之中，人載黑毛所制之喪帽，蓋用以避日光之照，其不潔也（同二〇二頁。）

至若靈位，據北蝦夷圖說所述司墨倫古勒（Smerenkoures）族之喪，有云：家側起祀堂，高二尺，以板作之，死者尸體置其中，堂設神主，祭以魚煙等物（日本文庫一九五頁。）

扶桑之風俗，據慧深所說，無兵甲，不攻戰，與今日旅行家所述樺太民風亦頗相類。

據拉別盧實（de Lapérouse）氏云：其風俗頗良，知愛敬老人，雖爲游牧，然不離族長制度

（見 Voyage de Lapérouse 三卷四十頁）。又據克魯深司登（Krusenstern）氏云：蝦夷人品行之良，如其平和，安靜善良親切謙恭，雖非本於一種精練的文化，然實基於其良知。予以爲予所識民族之良者，莫逾於蝦夷云（見 Reise um die Welt 二卷八十頁）。

政治

慧深述扶桑之政治云：『國王爲乙祁，貴人第一者爲大對盧，第二者爲小對盧，第三者爲納咄沙。』此種名稱，中國著作家從未注意其語言之所從來，若尋究之，不難溯其源矣。此種名稱，出於古朝鮮語，蓋朝鮮古代亦有是種官號也。玆引南史（卷七九，高句麗）以證之。

南史述高句麗官制，云其官有相加，『對盧』沛者，古鄒加，主簿，優臺，使者，帛衣先人。其置官有對盧，則不置沛者；有沛者，則不置對盧。

舊唐書列傳（卷一九九）述高麗官制，云其官大者號『大對盧』，比一品，總知國事。新唐書（卷一四五）云，官凡十二級，曰『大對盧』，或曰吐捽，曰鬱折，主圖簿者，曰太大使者，曰帛衣頭大兄，所謂帛衣者先人也，秉國政，三歲一易，善職則否。』

前述名號，亦見後漢書及三國志。後漢書云，其置官有相加，對盧，沛者，古鄒大加，主簿，優臺使者，帛衣先人。三國志名稱稍有不同，據云，有古鄒大加，優臺使，優臺丞，使，帛衣，皁衣。又云：王之宗族，其大加皆稱古雛加，消奴部本國主，今不爲王，桂婁部代之云。此節梁書所誌亦同。

予最注意者爲對盧或大對盧之官號，蓋慧深已言其爲扶桑之第一種貴人也。當晉安帝時（紀元四〇五年），高麗貢使至中國，據其所言：『其大對盧以強弱相陵奪而自爲之，不由其王署置（通考卷三二五）。又據新唐書列傳（卷一四五）云：『大對盧秉國政，三歲一易。……凡代日有不服，則相攻，王爲閉宮守，勝者聽爲之。』舊唐書列傳（卷一四九）云：『大對盧三年一代。若稱職者，不拘年限。交替之日，或不相祗服，皆勒兵相攻，勝者爲之。其王但閉宮自守，不能制禦』。

由是觀之，慧深所述扶桑之大對盧小對盧，確有所本也。此種名號符合之處，於人種學有極大之關係，因其可以證明樺太地方雖非高麗所繁殖，必爲高麗所化。吾人未能於高麗語中發見名乙祁之國王名納咄沙之第三種貴人，蓋中國史書所誌之名號，時過景遷，今已不存，亦不足異矣（見日本文庫八册五七至六〇頁）。

今日蝦夷無國王，然樺太古有沙爾 (Char) 酋長「在北海道東部爲薩那 (Sara) 酋長」，爲各酋長中之大長，亦國王之類也。其名爲令伯洛姑 (Nimbe rogu) 其位世襲，最後之令伯洛姑無嗣，其位遂廢。據巴岦洛 (Batchelor) 氏之尋究，每一蝦夷村落薩那 (Sara)（或沙爾 Char）治之，其下有長三人，此種酋長權力不專，村有獄訟，村人共治之（見 Notes on the Ainu, Transaction Asiatic, Soc. of Japan 十册二一二頁），是又與慧深「有罪國人大會」之說相合也。

日本人今日尙保存昔日大小對盧及納咄沙之職務。每一蝦夷村落設一俄特那 (Otena)，副以哇基俄特那 (Waki-ôtena)，輔以瑣空脫開 (Sôkontokai)（本於 Syau 義爲正；及 Kozukai 義爲小使）及康比苛爾庫爾 (Kambi kor kur)。此四種名號，除末一種屬蝦夷語外，皆屬日本語古代之乙祁 (Iki)，或卽日本之イキホヒ，其義爲勢；抑卽蝦夷語俄開 (Okai) 二音之轉（俄開義卽人）。今蝦夷無此職。大對盧卽今之俄特那，小對盧卽今之哇基俄特那，納咄沙卽今之瑣空脫開。（見 Scheube, die Ainos. Mittheilungen etc. Ostasiens 三卷二三七至二三八頁）慧深所說尚有司風長一官，前已引酉陽雜俎一節，是亦扶桑古官號之一種，即中國高麗之諫官也。

慧深又云：國王每二年一易其服色，有綠紅黃白黑五色。國有南北獄，輕罪入南獄，重罪入北獄，北獄男女相配，生男女爲奴婢。貴人有罪，國人大會，坐罪人於坑，對之宴飲，分訣若死刑，及子孫至於七世。

國王衣服之二年異其色，此風亦有所本。郭比耳氏 (Gaubil)（見 Observation mathématiques 卷二一三五頁一七三二年刊。）曾觀察蒙古滿洲之俗，十干各有顏色，其初十年爲綠色及淡綠色，次爲紅色及淡紅色，又次爲黃色及淡黃色，再次爲白色及淡白色，終爲黑色及淡黑色，與扶桑王衣服之顏色次序相同也。此五色又與五方四季相屬，綠色爲東方春季，紅色爲南方夏季，黃色爲中央土地，白色爲西方秋季，黑色爲北方冬季（見 Comp. Mayers, Chinese Readers Manuel 二卷二九六頁）。

高麗昔分五部，有消奴部，絕奴部，慎奴部，灌奴部，桂婁部。案今高麗五部：一曰內部，一名黃部，即桂婁部也。二曰北部，一名後部，即絕奴部也。三曰東部，一名左部，即愼奴部也。四曰南部，一名前部，即灌奴部也。五曰西部，一名右部，即消奴部也（通考卷三二五。）

此種以五方屬五種五色之風，完全出於韃靼，茲不難索其原來矣。

至若慧深所說刑獄之制，今已不存，然活葬罪人之風今尚有之，據東方語言學者公會記錄（Actes du Congrès international des Orientalistes à Paris, I. 一九八頁）云：女人有罪，使於沸湯中取石，手不傷則爲無罪，有傷則溺之於水或生葬之。

學術

慧深曾云扶桑有文字，以扶桑皮爲紙，第據吾人所知，今日樺太實無文字（見日本文庫八册二〇七頁。）然蝦夷人今尚能記憶其古代曾有書籍文字，其遺俗相傳紀元十二世時，日本英雄義經（Yochi-tsune）曾獲得大神俄基庫魯米（Okikouroumi）及徒內司（Touresh）夫婦之歡心，神以女妻之，遂獲有蝦夷之寶藏書籍而逃，自是以後，蝦夷文字及陶器製造術因以失傳，而購衣服於日本人。若詢蝦夷人以困難問題，蝦夷人輒答云：吾人無書籍，蓋祖傳之書籍皆爲義經竊取以去（見 Chamberlain, Memoirs of the Imperial University of Japan 一號，十七頁。）

余伯博士曾於北海道西北之俄徒那耐灣（Oturanai）海灣巖上，見有刻文，據云是古蝦夷遺跡。又據其考據，前述日本所設之土官，有 Kambi kor kur 一職，名屬蝦夷語，義即書記官，Kur 義爲人，Kor 義爲執，kambi 即日語之 Kami，義即紙也（見前引余氏著作二三二頁及二三七頁。）則蝦夷古有文字，可無疑也。又考蝦夷語 Nuye 義爲書寫，Paroho nuye 義爲記述人言，此種文字今尚能於樺太女人刺涅之臂上（按蝦夷語刺臂爲 Téke hinuyé）及男子所納之兵器傢具上見之。其文類古朝鮮文。謝波德博士（Von Siebold）曾刊布此種文字（見 Ethnologische Studien über die Aïno auf der Insel Yesso）。玆舉其一二類似朝鮮文者，幷附以羅馬字音如下。

∧=s, ト=a, ー=u, ⊥=o, ‖=yu, ー=u, ∧=s, ス=ts, ==aa.

遜邁（Summers）氏之蝦英字典（二〇四頁，）有 Kambi no ye 義爲書寫，Kambi

no yep 義爲毛筆，Kambi chichamo 義爲寫字人，皆足以證明蝦夷古有文字也。

慧深所述扶桑之十干五色，吾人因之疑及蝦夷或者稍明天文之學。謝波德博士曾研究及此。據云樺太島有數蝦夷人知黃道十二宮(Zodiaque)星宿十二月四季之名（日本文庫八册，二〇七頁。）吾人幷知其據有幾種遺風故事歌曲。謝波德幷云：其兒童頗嗜知識，其領解亦易，特日本人頗虐待之，阻其恢復慧深時代之文化耳。其生活頗苦，且漸爲日本人逐向北方，其當時輸入樺太之學識，故皆不傳云。

扶桑與中國之關係

據慧深所述，紀元四五八年時，罽賓國嘗有比丘五人游行至其國（樺太。）四九九年時，彼亦自扶桑至中國。其敍述流傳至今，皆爲近代之歐洲旅行家所證實。自是以後，交際愈頻。吾人曾引梁四公記所誌五〇二年時扶桑國使貢方物事。時梁武帝令杰公與使者論其風俗土地物產城邑山川，幷訪往昔存亡，又識使者祖父伯叔兄弟，使者流涕拜伏云云。據杰公之言，是亦曾至扶桑者也。據謝波德所記，扶桑人聞人言死者，雖非親友，即事流涕，則當時之貢使向爲蝦夷無疑。所杰公所述，亦不誣也。

又據日本文庫八册二二二頁引日本記所誌紀元六五九年（唐顯慶四年）日本貢使偕二蝦夷人入朝，唐高宗與日本貢使之問答亦足證扶桑與中國交際之頻也。玆錄其問答之語於下：（問）此蝦夷人國在何處？（答）在日本西北。（問）種類有幾？（答）種類有三：一爲番夷，一爲生夷，一爲熟夷。斯爲熟夷，逐年入貢。（問）國有麥否？（答）無麥，國人食肉。（問）有居屋否？（答）居於山中樹穴之內。問答畢，蝦夷乃進白鹿皮一，弓一，箭八。據日本貢使所述番夷，蓋指樺太之蝦夷；生夷乃指北海道北部之蝦夷，熟夷乃指南部之蝦夷。

玆再引文獻通考一節以證之。據云（卷三二六沃沮條）『王頎別遣追討宮，盡其東界。問其耆老海東復有人不？耆老言國人嘗乘船捕魚，遭風見吹數十日，得一島，上有人，言語不相曉。……又說得一布衣，從海中浮出，其身如國人衣，其兩袖長三丈』。予以爲三丈或卽三尺之誤，此衣或卽蝦夷人之衣，蓋蝦夷衣袖甚長也（見 Batchelor, Notes on the Ainu）。

至若商業紀元五世時，已有芨皮紙輸至中國（見前引之負暄野錄）。此種紙之輸入，當不能遠由美洲也。扶桑又曾以蠶種輸入高麗，其種旋變（見前引之梁四公記。）夫樺太之居民，既爲高麗人所殖，當與其母國不無關係，此種蠶之移種，非美洲紅人所能爲也。

地理位置

中國著作家所述扶桑位置之材料，惟有東方朔之十洲記，其言雖似不合理性，然可資考據也。據其所述：『扶桑在東海之東岸，岸直陸行登岸一萬里，東復有碧海，海廣狹浩汗，與東海等，水既不鹹苦，正作碧色，甘香味美，扶桑在碧海之中。』東海云者，中國人稱循高麗海岸以北之海名也。別言之，即吾人所名之日本海也。其水碧而透明，考紀元一一二六年時（宋靖康時）高麗使至中國，言高麗『西南接契丹，特鴨綠江以爲固，其東所臨海，水清澈，下視十丈，東南望明州，水皆碧』（文獻通考卷三二五高句麗條。）則日本海之古稱碧海，非無故也。扶桑既在此碧海之中，則明爲島也。

又據慧深所說，扶桑在大漢國東二萬餘里，地在中國之東。歐洲地理學者因此二萬里，遂發生不少錯誤解釋。蓋文獻通考東夷既列有大漢國，則按里計算，扶桑自在美洲也。須未詳中國史地著作中大漢國有二，一在中國之東，一在中國西北，卽此一端，巳足明其根據之誤。

中國西北之大漢國，名見新唐書（卷二一七下）黠戛斯條下。據云大漢者處鞠之北，饒羊馬，人物頎大，故以自名，與鞠俱鄰於黠戛斯（今之 Khirgizes），劍海（今之 Baikal 湖）之瀕。皆古所未賓者，當貞觀逮永徽（紀元六四九至六五〇年間）奉貂馬入朝（按新唐書之大漢，通考誤作大漠）。此大漢國卽在今列那江（Lena）及葉尼塞江（Yenissei）流域東經一百〇八度北緯五十三度之間，卽拉德（G. Radde）氏東西比利亞南部旅行報告中所謂今之布利亞特族（Buriates）所居之地。據報告云，貝加爾湖（Baikal）沿岸之布利亞特族，居湖北以至鄂耳松峽（Olchon）者最貧；居鄂耳松島者最富，其富源全在畜牧。鄂耳松之布利亞特族，有大羊羣，土人售其羊毛截角之畜頗弱小，不及馬羊。馬不美，然食少頗健於行。（見 Beitrage zur kenntniss des Russischen Reiches und der angrenzenden Lander Asiens, St. Petersb. 二十三册，二二八頁，一八六一年版。）

樺太島在東經一百四十三度，其直徑爲三十五度，若計二百五十華里爲一度，計共有八千七百五十里。要知中國舊里較短，山行之里又短於原行之里。自大漢至扶桑不能直達，須歷經山水，行程當以每日所行之站里計，其數當倍增爲一萬七千五百里。慧深所云之二萬里，言其整數也。嗣後計扶桑之道里者，不計自大漢至扶桑之行程，僅言其在中國日本之東，遂有此誤。考文獻通考三二五卷李淳風敍言有云：『華夏居天地之中也。又倭國一名日本，在中國直東，扶桑在倭國之東，約去中國三萬里。』李氏之意，猶言中國皇帝威力所及，東有三萬里，西有三萬里也。故又云『貞觀中骨利幹獻馬使云，其國在京師西北三萬餘里。』考長安在東經一百〇六度，骨利幹處瀚海北，約在東經一百度間，是長安與骨利幹距離六度，合之華里一千五百里；若更就長安緯度三十四度至骨利幹緯度六十四度計之，南北距離三十度，合華里七千五百里，兩共九千里。此卽李氏所謂之三萬里，卽倍其數，亦不過一萬八千里。通考云（卷三四八）骨利幹去京師最遠，然則中國人計算道里之法，可以知矣。蓋其計算不以距離之長，而以途程之久也。若以里之長度計，不特扶桑在美洲，而骨利幹亦當由西比利亞遷之大西洋之中矣。由是觀之，中國古地理學者之計里，祇能給以相對的信用也。

郭比耳神甫（Gaubil）致金勒（De Guignes）之書，亦曾駁其中國人曾至美洲說之誤（見 Journal Asiatique 一八三二年十冊三九〇頁及三九二頁至三九三頁）考博物志云：『漢使者張騫渡西海至大秦……東海廣漫，未聞有渡者。』是亦一中國沙門未至美洲之證。

玆再引一證以駁扶桑卽美洲之說：康熙字典引五音集韻尾閭一條云：『司馬云尾閭在扶桑東。』此卽日本所謂之黑潮（Kouro syau），中國久已知之。考莊子注云：『尾閭泄海水出外者也，在百川之下，故稱尾，水聚族之處，故稱閭。』又考海國聞見錄云『自日本琉球以東，水皆東流，莊子所謂尾閭洩之。』拉別盧資（Lapérouse）曾於千島附近遇此潮流，此海流旣在扶桑或樺太之東，若以美洲爲扶桑，是遷此海流於美洲東岸，妄誕不經，有是理歟？

吾人希望包圍扶桑之黑暗，從此破開。金烈（De Guignes）氏扶桑卽美洲之夢想，勿庸注意。金勒氏尙有中國人爲埃及殖民之說，亦斯類也。中國人未嘗自命殖民美洲，猶之吾人未嘗自命殖民中國。

吾人行將於不定期間之內，討論中國古代地理及人種問題。此種討論，將證明中國史書所誌，雖似爲雲霧及神話所蔽，但詳細尋繹之，實不難考見其眞也。

附錄

前記婚儀一節付刊之後，予又發見一事，記述古代朝鮮之風，男子求婚，亦須築小屋於女家之後，一如慧深所說扶桑之俗，原文見三國志，茲全錄於左，用見慧深之說之眞。

三國志云：『其俗作婚姻，言語已定，女家作小屋於大屋後，名壻屋。壻暮至女家戶外，自名跪拜，乞得就女宿。如是者再三，女父母乃聽使就小屋中宿，傍頓錢帛。至生子已長大，乃將婦歸家。』

中國史乘中未詳諸國考證卷二

文身國考證

文身梁時（紀元五〇二至五六六年間）聞於中國。按南史卷七十九東夷列傳：文身國在倭國東北七千餘里。人體有文如獸，其額上有三文，文大直者貴，文小曲者賤。土俗歡樂，物豐而賤。行客不齎糧。有屋宇，無城郭。國王所居飾以金銀珍麗，繞屋爲塹，廣一丈，實以水銀，雨則流於水銀之上。市用珍寶。犯輕罪者則鞭杖，犯死罪者則置猛獸食之，有枉則猛獸避而不食，經宿則赦之。

又按三才圖會所誌較簡，文義亦同。據云：文身國物至賤，行不齎糧。王居飾以金玉。市用珍寶交易。

若吾人所得之資料祇此，文身國之所在，似難決定爲何地。蓋日本海之居民，大多有文身之俗也。日本今日雖祇馬夫名別當(Bettos)之屬，尚有文身之習，然當中國漢晉時，國人皆具此習。考晉書東夷列傳，倭國男子無大小悉黥面文身。又考後漢書東夷列傳，倭國男子皆黥面文身，以其文左右大小別尊卑之差。此等記載可以證已。

蝦夷今日惟婦女文身，男子昔日或亦有此習，然今日已無此習慣。

此種文身之俗，戈利亞客種 (Koriaques) 艾司圭茅種 (Esquimaux) 及阿留特種(Aleoutes)皆具有之。自北海道以至格林蘭島(Greenland)，皆有此習。惟吉利亞客種(Giliakes)及堪察加 (Kamtchatka) 之依徙蠻種 (Itulmenes) 無之。

百餘年前，文身之俗，一切東胡種族皆具有之。馬克(Maack)氏曾於松花江與黑龍江匯流之處，見錫耳比(Silbi)村落男女皆文身(見 L. von Schrenck, Reisen und Forschungen in Amur Lande, III, II, p. 410–423)。

東胡種族曾完全佔據日本蝦夷千島各島，此事吾人於考證小人國文中，別有論述。

金勒 (De Guignes) 氏於昔日荷蘭人之旅行記述，未嘗熟讀，以爲文身之人，僅北海道中有之。據云：荷蘭人於其地（北海道）見有鑛地，其色如銀，其土如粉，投水卽溶，此卽中國人所謂之水銀也(見 Navigations des Chinois, etc. Mémoires de l'Académie des Inscriptions et Belles-Lettres, Tome XXVIII, p. 506)。

但此種類似水銀之土，荷蘭旅行家未發見於北海道，實在千島羣島中之得撫島(Ouroup)中見之。島在日本東北，格林威至(Greenwich) 線北緯四五度三九分至四六度一〇分，及東經一四九度三四分至一五〇度二二分之間，［據郭勞寧 (Golownin) 氏之觀察，可參考 Von Siebold, Voyages et découvertes de M. G. Vries p. 67。］

維力司 (Vries) 卽在此島發見似有銀鑛之山，所以定其名稱爲鑛山 (Mineraelbergh)（同上六五頁）。巴克 (De Bakker) 氏云，其鑛如沙土，似白色漂泥 (terre à foulon)，漂洗數次，卽得豆大銀貲云（同一七二頁）。由是觀之，金勒氏誤以得撫島與北海道爲一島。其尤異者，北海道不在日本之東北，文身國應在之處，而在日本之西北。若李蘭德 (Leland) 氏詳細審查金烈之說，自無庸聲述其說之不可解矣(Fusang, or Who Discovered America, p. 22)。

維力司船長曾名其島爲公司島(Companyslant)，曾用東印度公司之名據有其地植一十字架於高丘之上，上刊有 anno 1643 之文，首列符號，即東印度聯合公司(Vereenigde Oostindische Compagnie)之義。當其發見得撫島之時，已無居民，惟有小屋一所，人骨一具，屋前懸有一劍(見前引著作六五頁一〇五至一〇六頁)。據謝波德(Von Siebold)氏云，蝦夷古風，懸死者遺劍於墓前所植五六尺高之插條之上(同一〇五頁)。前述古日本人及得撫島人以額文別貴賤之共同遺風，可以證明文身國應與古蝦夷種血統有關。此蝦夷種曾居日本本島北部，後漸爲新侵入之種族逐之北方。當六世紀梁朝時，此國應有居民頗繁盛也。一八五四年九月三日，法國曾據其地，名之曰聯盟島(Alliance)。此時之前，俄人曾佔領之，與蝦夷人及日本人爲有利之交易，幷於是處經營漁業(同六十六頁)。文獻通考列女國於文身國之後，吾人先考文身者，因文身國之地理位置既明，女國之位置不難尋求。茲於下章研究女國，幷證明女國亦應求之於千島羣島之中。

中國史乘中未詳諸國考證卷三

女國考證

古代東西民族皆相傳世有女國，中國自亦有女國之傳說，無足異也。是以其史官及私史詩人及文士所述女國之故事甚多。據其所誌之女國，中國之東西南方皆有之。予先考東方之女國。此女國亦由沙門慧深之說而傳。慧深未莅其國，僅得自傳聞，茲據梁書所記述之。

按梁書東夷傳，齊永元元年，扶桑有沙門慧深來自荊州，說云：扶桑東千里有女國，容貌端正，色甚潔白，身體有毛，髮長委地。至二三月，競入水則妊娠，六七月產子。女人胸前無乳，項後生毛根白，毛中有汁，以乳子。百日能行，三四年則成人矣。見人驚避，偏畏丈夫。食鹹草如禽獸。鹹草葉似薌蒿（通考缺食禽獸鹹草五字，薌蒿作邪蒿，）而氣香味鹹云（按薌蒿或邪蒿即壯蒿，其學名爲，Artemisia japonica）通考引南史云梁天監六年（紀元五〇七年）有晉安（福建省中）人度海，爲風所飄至一島。登岸有人居止。女則如中國，而言語不可曉。男則人身而狗頭，其聲如犬吠。其食有小豆，其衣如布，築土爲牆，其形圓，其戶如竇。

前引之記述爲唯一關於中國東北女國之記述。又據圖書集成邊裔典所載慧深之說之後，又附有梁四公記杰公之語。杰公之說扶桑，前已誌之。此處所說，無須轉錄。蓋杰公所述者爲中國西北之女國，而非中國東北慧深所說之女國。杰公所說之女國，艾爾衛（Hervey de Saint-Denys）教授於其一八七六年刊之扶桑記（Mémoire sur le Fou-sang）中曾譯載之。其說多神話，且多言過其實，當時朝臣皆嘲笑之，以爲是『鄒衍九州王嘉拾遺之談耳。司徒左長史王筠且難之曰：書傳所載女國之東，蠶崖之西，狗國之南，羌戎之別種，一女爲君，無夫蛇之理。』可以見六世紀中國人之輕信，不如人所言之甚也。

通考及南史所載晉安人所至之島，非慧深所說之女國，蓋此島兼有男女也。此島予後再研究之。

但通考所記，有與女國相關涉者一事，茲轉錄之。考通考卷三二七沃沮條，及博物志卷二異俗條云：？挹婁（Iplo）喜乘舡寇鈔，北沃沮畏之。……王頎別遣追討宮，盡其東界，問其耆老，海東復有人不？耆老言國人嘗乘船捕魚，遭風見吹數十日，得一島，島上有人，言語不相曉，其俗常以七月（博物志作七夕）取童女沈海。又言有一國亦在海中，純女無男。［按黑水靺鞨（Mokkoh de l'Amour）即古之女眞（Jourtchen），居肅愼地，亦曰挹婁，元魏時曰勿吉（Moukit），直京師東六千里，東瀕海，西屬突厥（Turc），南高麗，北室韋。］

蝦夷亦有此風，其不同之處，則女子遇飄流人之至其地，先強之合，旋殺而食之耳。又據傳說，此種女子浴後以面向風即娠，蝦夷女子面向東風云（見 B. H. Chamberlain, in Memoir of the Imperial University of Japan, No. I, p. 22, Tokyo, 1887.）。

據上述各說，一種地方兼有男女，一種地方惟有女子，茲先就前一種地方尋究之。

據慧深所說，其女食鹹草如禽獸。此種鹹草爲何種植物，吾人不難尋求得之，此種海生植物，蝦夷人日本人中國人皆嗜之，中國人名之曰海帶，其學名爲 Fucus esculentus 維力司(Vries)

船主停船於得撫島 (Ouroup) 及擇捉島 (Outouroup) 海峽（此峽卽名維力司峽）之間時，曾述此處海濱產有一種空莖之葉長約九尋（每尋一公尺六十二分）飄浮海面，葉葉交纏，海狗 (Phoques) 海牛 (Lamantins) 海豬 (Dauphins) 棲於其上者以千數計。謝波德 (Von Siebold) 云此藻應是海帶 (Fucus esculentus)，北海道沿岸亦有之，長至五十尺，寬一尺，浮於沿岸海面，鄂霍次克海 (Okhotsk) 皆有之。其中有一類爲空莖者阿伽耳特 (Agardh) 氏以爲卽 Alaria fistulosa，昝布內特 (Ruprecht) 博士以爲卽 Phagonum 之一類。

艾耳曼 (Erman) 氏於鄂霍次克海岸曾見此藻之一段已逾五十尺，爲海狗 (Phoca nautica) 之食物，海上東胡飢時亦食之（見 Voyage d'Erman III, p. 48）。蝦夷人名海帶 (Fucus esculentus) 爲昆布 (Kombou)，日本人大致食之，其味甚佳，且譽其性能滋養也。謝波德曾聞九十歲老人名陀克耐 (Toknai) 之言，謂其所以能延壽者，因其久居北海道及樺太島食昆布也。中國人亦嗜此藻，每年由長崎輸入上海者五萬一千擔，值十七萬兩。北海道與千島等處有專業撈取昆布者，爲政府保護獎勵云。

中國人名其大者爲昆布，或曰綸布，商品則名曰海粉。

艾耳曼氏云東胡人之撈取海帶，皆女人爲之，則慧深所述食鹹草之女國，蓋指千島之東胡女人。今法國布內丹(Bretagne)沿岸漁人，亦有以海藻作菜蔬者。

吾人今日不知六世紀之千島居民是否「偏畏丈夫」。但據慧深及王頎之所聞，女國亦有男子，非純粹女國也。此種女人『色甚潔白，身體有毛』，又似爲蝦夷種。

據慧深之言：『二三月入水，六七月產子。』但據王頎所聞，則『嘗以七月取童女沈海，無妊娠之說也。若吾人欲解說入水妊娠之說，須離去人類學及人種學，而進入動物學中。吾人須知不僅千島居民食海帶，有耳海狗之屬如膃肭獸(Otaria)（一名海獅），亦專以海帶爲食也。

謝波德氏所誌北海道沿海海動物之類，有海狗(Phoca oceanica)（蝦夷名 Situkari），有海豹(Phoca jubata)（蝦夷名 Yai thukari）有 Phoca numularis（蝦夷名 Kescho），有海熊(Otaria ursina)（蝦夷名 Onnep）有海獅(Otaria Stelleri)（蝦夷名 Thukara），有海獺（蝦夷名 Rakko）。

一六二二年時，耶洛尼穆司(Hieronymus de Angelis)神甫曾有一極長通信，敍述北海道蝦夷之風俗。此函曾經衞陳(Nicolaes Wiysen)載入其韃靼東北(Noord-Oost Tartarije)書中（二册五七頁）。據云：據貴族馬支邁(Matsmai)說，北海道居民購買魚皮，其魚之名爲拉果(Rakko)，蓋水獺也（日本名臘虎）距此不遠之三島售之。此三島居民無鬚，語言與蝦夷異，但不知此三島在北海道之北，抑在其南云？（見Von Siebold, Voyage etc. de Vries, p. 95)。但據吾人之考證，此三島卽得撫島(Ouroup)新知島(Shimoshiri)獵虎島(Rakko)三島在千島羣島之中。據雷德人種學院(Musée d'Ethnographie à Leide)所藏蝦夷圖境輿地全圖所載，此三島出產海獺，黑狐，鷲鴻雁。因此之故，得撫島亦名獵虎島，其實別有獵虎島在得撫島之東。據此圖載，得撫島新知島間各島，如計吐夷(Ketoy)島，羅處和(Rashau)島，洋克其利被(Yanketchiripoi)島及勒本其利被(Rebuntchiripoi)島等島，皆出產水獺也。

據博物學者所誌海狗類之習慣，海熊(Phoque ursin)寬八尺，每至春季抵堪察加及千島之時，已甚豐肥，牝者已娠，處海濱二月間卽產子。當其在海濱之時，其一牡多牝之牡獸有五十頭至八十頭圍護之，其性似甚嫉妒也。牝獸似頗服從，牡獸常虐待之。海豹(Otaria jubata)惟產子時始至海濱，牡者於其間數月中亦嚴護之（見 Pöppig, Naturgeschichte, Säugethiere, p. 286-287）。此種海獸無乳房，乳頭有四，其色褐，兩兩隱布於下腹厚毛之中（見 History of North-American Pinnipedes, by Joel Asaph. p. 358）。

海熊(Callorhinus ursinus)之牡，於五月一日至五日間抵島岸，牝者於六月十二日至十五日間始至，至即產子，牝者側臥以乳其子，二日後即與牡交。其交尾與人類無異，牝仰臥，牡伏其上。其交尾皆在陸地，其時期自七月十日至十五日爲始，至八月終止。有時牡者四月初即至（見 J. Allen, op. cit. pp. 25, 8, 358, 363, 384, 397 passim）。

司特萊(Steller)云海狗類(Phoques)交尾之期在秋季，四月產子，產一雛者多，產二雛者極少。東胡婦女取乳以爲藥飲其子。牝獸頗戀其雛，設有人竊其雛，即泣淚如人（見 Beschreibung von Kamtschatka, p. 108-109）。

海獅(Choris)性不兇惡，除五月半至六月半交尾時及產子時間外，見人即避（見 J. A.

Allen. op. cit. p. 255)。

前引各博物學者之觀察，亦爲中國人之觀察所證明。中國亦別海獸爲海狗，魚牛，海牛，海豹之屬，至海獺又名海猿海猵。

按齊地云，東萊牛島上嘗以五月海牛產乳。海牛形似牛而無角。騂色虎聲。爪牙亦如虎。腳似鼊魚(Emys megacephala)。尾似鮎魚，尾長尺餘。其皮甚軟，可供百用。『牛見人奔入水』。以杖擊鼻則得之云。

海獸習慣之異，如其妒牝，如其戀子，如其家族生活。故中國人以及其他民族，咸信海中產有女魚或人魚(Sirènes)。故瑯嬛記云，海中所產多類人身，而人魚其全者也。

據拾聞記云：海人魚東海有之。大者長五六尺，狀如人。眉目口鼻手爪頭皆爲美麗女子，無不具足。皮肉白如玉。無鱗有細毛，五色輕軟，長一二寸。髮如馬尾，長五六尺。陰形與丈夫女子無異。臨海鰥寡多取得養之於池沼，交合之際，與人無異，亦不傷人。

據北戶錄云，白髮魚戴髮，形如婦人，白肥無鱗。

據賢奕編(格致鏡原引)云,待制查道奉使高麗,見沙中一婦人,紅裳雙袖,髻鬟紛亂,肘後微有紅鬣。查命扶於水中拜手感戀而沒。乃人魚也。著者蓋有誤,此乃海狗,非人魚也。觀其肘後有鬣一語,可以知之。

據庶物異名疏(格致鏡原引)云:本草膃肭,一名骨肭。獸似狐而大長尾,皮上有白黃毛,三莖共一穴。生西戎,或曰膃肭魚類,豕首兩足。陳藏器云骨肭,胡人呼爲阿慈勃他。藥性論謂之海狗。

前引司特萊之說,謂有人竊其子,海狗泣淚如人。此說中國亦有之,且參以泣而成珠之神話。據博物志云:鮫人水底居,出向人間寄住,積日賣綃。臨去後主人索器,泣淚而成珠滿盤,以與主人。(格致鏡原引)又據述異記,鮫人水居如魚,不廢機織,眼泣則成珠。

據夢溪筆談云:海州漁人獲一物,魚身而首如虎,亦作虎文,有兩短足在肩,指爪皆虎也。長八九尺。觀人輒淚下,數日方死。父老云,昔曾見之,謂之海蠻師云云。據此則爲海獅可無疑也。

據前所引之各種記述,皆可與慧深所說之長髮入水,項後生毛,見人驚避,偏畏丈夫等事參證。慧深既未至千島,僅據蝦夷之傳聞,故其說中事實與神話兼有之。

吾人就慧深所說，與晉安人所見演釋之，皆斑斑可考。晉安人曾於島中親見女子採藻，男子人身而狗頭，是亦海獸若海狗海獅之類也。海獸聲如犬吠，亦與歐洲之旅行家及博物家之觀察相符。其食有小豆，是亦堪察加人之食。築土爲牆，其戶如竇，是與堪察加人之居屋無異，吾人後此別有說明也。

據前所引之蝦夷圖境與地全圖，松輪島（Matua）與烏師希利島（Oushshiri）間之羅處和島（Rashau）下有注云『夷人穴居ス獵虎ユリ』，則慧深所述之女國及晉安人飄至之島，不在此島，卽在千島偏南之一島也。

夫女國人採藻及捕漁事不足爲異。朝鮮之南濟州島（Quelpart）中，今尚有女子頗善戰鬭也。

曾憶漢城刊行之高麗雜載（The Korean Repository）第一期內，刊有一八九一年之回顧（Retrospect of 1891）一文（三十四頁）云：是年間高麗之政治方面頗享平安，惟有數日本冒險漁夫侵入濟州島漁婦之神聖範圍，兩方遂啓爭鬭。濟州島女權盛張之漁婦，猛烈禦之，兩方各有傷亡云。然則巴黎附近耶特勒塔（Etretat）地方之勇敢漁婦，敢浴巴黎人如浴兒童蓋不以人視之，斯又不足道矣。

中國史乘中未詳諸國考證卷四

小人國考證

中國史乘所載，文身之後爲大漢國，國在文身之東五千里。茲於考證此國之前，先就小人國尋究之。小人國處東海之間，既爲中國地理學家所未詳，當亦爲西方學者所不知。吾人仍稱其爲，小人不用侏儒（pygmées）之名。蓋中國對於侏儒，亦別有專名，不同此處所述之小人也。

吾人所據以尋究東北方小人之惟一資料，見於山海經，其記載甚略。據大荒東經云：東海之外，大荒之中，有小人國，名靖人。注云：詩含神霧曰：東北極有人長九寸，殆謂此小人也。靖或作竫。

此外中國史册不載此東北極之小人國。此種傳說，似應置諸神話之列矣。但據尋究之結果，實有一種小人，於太古時代分布於日本本島北海道千島堪察加等處。此種民族不特身體短小，且盡穴居。米耳尼(S. Milne)氏曾於日本亞州協會記錄(Notes on the Koro pok guru or Pit-dwellers of Yezo and the Kurile Islands)(十册二部一八七頁一八八二年刊)之中，詳記此種蝦夷人名此種小人爲 Koro pok guru。據米氏所述，蝦夷爲日本古代居民後漸爲新移殖之日本人逐向北方。此種小人爲北海道及千島之居民。亦爲蝦夷所逐其未經蝦夷所滅之遺民乃向堪察加地方逃避。吾人於日本各地（尤以北海道爲最顯著）曾發見三種更代之民族，最古爲穴居人，後爲蝦夷，最後者爲新日本人。最古民族之遺跡，今惟能尋其居穴而已。夫欲知何種民族造此居穴，須更向北行求之於千島現在居民之中。一八七八年予游千島列島北部各島之時，曾於占守島(Shumshu)中見此民族之一小部份男女老少合計僅二十二人。男子身小頭圓鬚濃而短，無一似北海道南部長鬚之蝦夷。自稱爲千島蝦夷(Kurisry Aino)。自有其語言，亦能操俄國語。其衣服雖屬皮製，其式頗類歐服。其上衣爲鳥皮所製，鳥羽向內，幷以海狗毛皮飾其緣。至其下服則賴過往船舶之供給，有衣歐洲袴者。一二人衣有襯衫者。自足至膝則服海獅皮製之革韈。其飲食爲葡萄海鳥之卵，海鳥海狗及其他動物之肉，海獺爲最嗜之食品。司勞(Snow)君曾告予云，據松輪島(Matua)最老之人所述，居民現僅存五十餘人，計男子二十三人，女子二十八人，若與予在占守島所見之土人合計，千島之此種土人不及百人也。關於此民族，予最注意之要點，爲其居處。其造屋也穴土爲之，覆土草於其上，與吾人在南方所見之居穴極相類。此種穴居習慣，堪察加及樺太島之一定民族皆具有之，不特千島土人爲然也。旅行家愈向北行，所見居穴愈多，保存愈善。予以爲古代穴居人現今之代表，應求之於千島土人或堪察加近鄰之中。

米氏之觀察，日本官廳曾證明之。吾人前引據之蝦夷圖境輿地全圖，羅處和島(Rashau)下注有『夷人穴居ス獵虎ユリ』之語，是千島土人實穴居也。

此種穴居人，蝦夷人名之曰 Koro pok guru，義即居穴人也。據說穴居人生活於圓錐形小屋之下土穴之中，身軀短小，知製造陶器。蝦夷人已滅其種。予曾詢究居穴之原來，人皆答云，此爲可希妥(koshito)之居屋，可希妥日語義即小人也。但有人以爲即蝦夷語 koshto 之轉音，蝦夷人名此種小人爲 koshto 也。(同一九五頁)

巴豈洛（Batchelor）君告予等云，蝦夷曾與小人相交接。小人之居屋如窟，建於所掘圓坎之上。坎上蔽以樹皮，更覆以土。其衣服以皮革製之。日本人名之曰小人（kohito）。蝦夷人名之曰居穴人（Koro pok guru）。據聞此種小人皆爲蝦夷所滅（同二〇八至二四九頁）。

據張伯蘭（B. H. Chamberlain）君之記述，Koro 之義爲牛蒡（bardane），蓋蝦夷屠滅小人之時，曾藏於牛蒡大葉之下。［又據蝦夷人說，尚有一種山居人（Kimum-ainou），在天鹽（Teshio）森林中］（見 B. H. Chamberlain, dans les Mémoires de l'Université impériale du Japon, No. I, p. 18）。但吾人以爲米氏之說較爲合理。

又據莫爾司（E. S. Morse）在一八七七年至一八八〇年各雜誌中所述，曾說明日本蝦夷人之前，實有一種較古種族之存在。

中國史書亦不少此種有史時代穴居小人之證明。據後漢書有州胡，卽此小人之類也。按東夷傳，馬韓之西有州胡國。其人短小，髡頭衣韋衣，有上無下。［據司特萊（Steller）之北堪察加旅行記云，千島列島之國後島土人無袴，僅有海鳥皮製之上衣，所記與此相符。］好養牛豕，乘船往來貨市韓中。又按魏志東夷傳州胡在馬韓之西海中大島上其人差短小言語不與韓同皆髡頭如鮮卑。但衣韋好養牛及豬其衣有上無下，略如裸勢乘船往來市買韓中。據此說，古朝鮮有一土著種族，與朝鮮人異蓋紀元前十二世紀時，朝鮮已受中國文化也。吾人此處應注意者，其人短小衣有上無下，與米耳尼司特萊二氏所記述千島之東胡種族情況相符也至其居留之處應在今日朝鮮西南之朝鮮列島。

此種同一種族，亦曾居住朝鮮南方島上。據圖書集成邊裔典流鬼「即今之堪察加（Kamtchatka）」傳云，龍朔初（紀元六六一年）有儋羅者，其王儒李都羅遣使入朝。國居新羅武州南島上俗樸陋衣豕皮夏居革屋，冬窟地產五穀。耕不知用牛以鐵齒耙土。麟德中（六六四至六六五年）酋長來朝，嗣後交通不絕。元史更名耽羅至紀元一三二一年始無聞焉

據前引記載之指示，儋羅應在朝鮮東南端，與日本九州島之間，即今日之濟州島（Quelpart）上。此島先屬百濟繼屬新羅。元時屬高麗。一二七〇年時日本曾侵入耽羅，逐走其王。此亦元朝於一六八一年征日本原因之一也。

如前所述，古代有一種小人，居住日本本島千島及朝鮮列島一帶，其主要特徵在穴居一事。第古時此種習慣，不僅限於海島，大陸之高麗及他處皆見有之。茲再就中國著述中引證數事如下。

考後漢書東夷列傳，馬韓人邑落雜居，亦無城郭，作土室，形如冢，開戶在上。又據朝鮮史略，天監十三年（紀元五一四年），新羅始行佛法。初訥祇王時，沙門墨胡子自高句麗至一善郡，即今善山府，郡人毛禮作窟室以居之。又據通考，勿吉（Boukit）〔後稱靺鞨（Boahkat）〕築土如堤，鑿穴以居，開口向上，以梯出入。又據新唐書列傳，黑水靺鞨居無室廬，負山木坎地，梁木其上，覆以土，如丘冢然。又據通考所記流鬼國（今堪察加南部）風俗有云：掘地數尺深兩邊斜豎木構爲屋。又記烏洛侯風俗有云：烏洛侯亦曰烏羅渾國，人冬則穿地爲室。又據南史述千島所謂女國之風俗云：築土爲牆，其形圓，其戶如竇。以上各項記述，皆可以互相證明。

司特萊（Steller）氏旅行堪察加時，見相類之習慣，尚存在如故。依徒蠻（Itülmen）種掘地深三五尺，坎之周圍，聚土爲壁，高二尺，更以柳條樹皮護之。柳條土壁之中，實以乾草，壁外一尺許，積土成堆，輔以木椿，卽以大梁架諸其上。復立四柱以承四梁。梁上架以小梁。小梁之間聯以木條。木條之上覆以木板。板上覆草厚約六寸。更以土覆諸其上。四柱之中為竈，其兩柱為門，兼為煙突。入門者須以梯。入此種居屋，土人名之曰基穌次（Kisutch），或梯木司基次（Timoustchitch）（見 Steller, Beschreibung von dem Lande Kamtschatka, pp. 212-214）。

由是觀之，穴居之小人布於日本海沿岸，如黑龍江沿岸，黃海各島，日本海各島，千島列島，堪察加一帶，皆此小人所佔之區。堪察加地方之可利亞克種（Koriaques）竟以小人自名，其自稱之曹卓娃（Tchautchowa），猶言小人也。司特萊氏云，伊徒蠻（Itülmens）人身體皆小（同二一二至二一四頁）。此小人種大致為強大多鬚之蝦夷所滅。此蝦夷雖未為日本人所盡滅，然已漸為日本人逐向北方（前已引之司特萊氏著作八頁及二九八頁）。百年之間此蝦夷恐將不存。卽或不然，必將與日本同化，其原始風俗習慣將隨之消滅，一循小人種及其他人種之覆轍也。

中國史乘中未詳諸國考證卷五

大漢國考證

大漢國有二。其一在西比利亞，此大漢國吾已於扶桑考證一文中述之。其一在中國之東，中國史書記載頗簡，惟南史東夷列傳倭國條後，記有「大漢國在文身國東五千餘里。無兵戈，不攻戰。風俗並與文身國同，而言語異」一段耳。記述雖簡，尚不無頭緒可尋。蓋吾人前已考證文身國在今日千島中之得撫島，大漢國似應在今之堪察加地方，此亦金勒 (de Guignes) 氏所持之說也。堪察加人爲平和不事攻戰之種族，此其特性也。戈利亞客種 (Koriaques) 之語言，亦與千島蝦夷之語言有別。此特爲吾人之假定耳。蓋漢字之意係漢朝之漢，抑漢子之漢，音義頗難明也。予以爲大漢意即大川，俄國哥薩克 (Cosaques) 人名其地爲堪察加者，因其地有大河也。至司特萊(Steller)氏之說，則以爲大漢即堪察加南之幌筵島，蝦夷原名 Poro môchir，蝦夷語 Poro 意爲大，Môchir 意爲地方，至戈利亞客人惟名爲堪察加爲大地云（見司著二頁）。

無論其意爲何，堪察加一地，中國曾以流鬼國名之，茲就流鬼國考證之。

流鬼國考證

中國人名堪察加人爲流鬼，至堪察加北方之朱克濟族 (Tchouktchi)，中國人則名之曰夜叉，至依徒爾人 (Itülmen) 則名其死敵朱克濟人爲塔尼列姑 (Taninegou)，意即勇健之人，因其身大力強也（見 Steller, Description de Kamtchatka, p. 9)。茲據中國史家所記關係此國之文考之。

按文獻通考（卷三四七）云，流鬼在北海（鄂霍次克海）之北，北至夜叉國，餘三面皆抵大海，南去莫設靺鞨船行十五日。無城郭，依海島散居，掘地數尺，兩邊斜豎木構爲屋，人皆皮服，又狗毛雜麻爲布而衣之，婦人冬衣豕鹿皮，夏衣魚皮，制與獠同。多沮澤，有鹽魚之利。地氣沍寒，早霜雪。每堅冰之後，以木廣六寸長七尺施系其上，以踐層冰，逐及奔獸。俗多狗。勝兵萬餘人。無相敬之禮，官僚之法。不識四時節序。有他盜入境，乃相呼召。弓長四尺餘，箭與中國同，以骨石爲鏃。樂有歌舞。死解封樹哭之三年，無餘服制。靺鞨有乘海至其國貨易陳國家之盛業，於是其君長孟蜯遣其子可也余志以大唐貞觀十四年（紀元六四〇年）三譯而來朝貢。初至靺鞨，不解乘馬，上卽顛墜。其長老人傳言，其國北一月行，有夜叉人皆豕牙翹出噉人，莫有涉其界，未嘗通聘。

考新唐書所載稍異，其流鬼本傳（卷二十九）云，流鬼去京師一萬五千里，直黑水靺鞨東北，北海之北，三面皆阻海，其北莫知所窮。人依嶼散居，多沮澤，有魚鹽之利。地蚤寒，多霜雪，以木廣六寸長七尺系其上，以踐冰逐走獸。土多狗，以皮爲裘。俗被髮。粟似莠而小，無蔬蓏他穀。兵萬人。南與莫曳靺鞨鄰，東南航海十五日行乃至。貞觀十四年，其王遣子可也余莫貂皮三譯來朝，授騎都尉遣之。

據前引之記載，其方位三面皆海，北邇朱克濟。一觀地圖，卽知其明爲堪察加無疑矣。距黑龍江鄰海之東，胡靺鞨種十五日程，遠近亦甚相合。茲以著名學者司特萊（Steller）百餘年前所著之堪察加誌（Beschrei bung von dem Lande Kamtschatka, 1774）比較之。

司氏所述堪察加人之冬屋，與中國史書所述相符，前已引之。據通考所述堪察加人之衣服，「人皆皮服，又狗毛雜麻爲布而衣之」，司氏則云其衣服以海狗皮馴鹿皮製之，昔日且以狐貂皮爲之。上衣 Kuklankes 大致用特重之狗皮及向戈利亞客種所購之馴鹿皮。通考所誌之麻，土人名曰耶赫 (Eheu) 爲一種軟草，土人以之製襪。但至司特萊旅行時，土人已有衣褲者，以布絹等織物製之（同三三四頁）。

司氏未述土人之踐冰木，此木土名爲題姑 (Tigou)，或者以此種運動方法爲西比利亞所通行，故略而不記。但米登朵夫 (Siberische Reise IV, 2, p. 1349, Middendorff) 則述之特詳，據云此木東胡人習用之，以逐走獸，則與中國史書所誌又甚相合也。至其地沮澤之多，司特萊氏亦證明之，據云旅行中因沼澤之多，足履常溼（同三六八頁）。余不信他處霧霰之常之甚有如堪察加者（同六五頁）。中國史書所誌人無官僚之法，亦爲司氏所證明。村長須經公意始能執行其權，平時無懲罰之權，惟能以言語斥責而已。有殺人罪，村民公共裁判之。犯竊盜者以火烙其手，使之曲以便認識（同三三五頁）。土人相爭，惟互詈而不相毆。土人不知季候，以六月爲一年，以冬夏各爲一年，夏年始五月，冬年始十一月。此新月出至彼新月出時，爲一月，其月則以土產動植物名之。無星期及其他區別（同三五九至三六一頁）。是亦與中國史書所誌相合也。

土人喜歌舞，司氏極喜土人女子之歌，以爲其調之轉折，雖意大利人亦莫能仿效。其樂器祇有管，司氏曾記其數調，並歷述其連續的及狂熱的舞蹈（同三三三至三四〇頁）。

土人之兵器，昔日用弓箭及矛，以骨石水晶爲箭鏃，以骨爲矛鋒，昔日又用木爲骨朵，有時以海馬之勢作之。（同二三三至二三六頁。）戰鬪時用混戰之法極少，常夜襲其敵，但亦僅掠其物而不殺其人。

土人喪葬，司氏僅述土人死於居屋，生者須別作新屋居之，故土人常置病重之人於犬屋之中。（同二七一頁及三五四頁。）此種風俗，北方之東胡及蝦夷皆同也。（按日本古亦有喪屋。）米登朵夫云（同前米著一四八二頁），北方東胡殮死者於木棺之中，殯棺於兩樹之間，距地之高與人身等。

堪察加人之食幾盡爲魚，大致以海魚爲多，土人或取之於鄰島之沿岸，或於春日漁於川河之中。（同著一四一頁）冬日則儲乾魚，或以魚儲於土穴之中，覆以灰燼，使魚酸臭，此歐洲人所不能食者，然依徒蠻人則嗜若珍饈也（同一六八頁）。

其地不甚產蔬穀，但所產之甘藍、蒿苣、豌豆，葉莖甚大。甘藍及蒿苣無球根，豌豆高及數尋，秋末尚葱蘢有花（同五三頁）。［又按的特馬（von Ditmar）以爲此豆即 Pisum maritimum，此地頗繁殖。］堪察加之天時及地性皆不宜種穀，昔日俄人曾試種大麥，已能結穗，穗大而滑，然有穗無鬚也（同五三頁）。

俄人至該地之前，司氏不知其政治狀况（同二二一頁）。一六八九年俄人發見斯地，亦出於偶然，至一六九七年哈薩克始建俄斯特洛次（Ostroch）塞於堪察加河附近（見 von Siebold, Voyage de Vries, p. 52）。

紀元六四〇年時之貢使，爲空前絕後之貢使，昔日堪察加王土名耶倫母（Aerem），其稱俄皇爲瓜次耶倫母（Koatch Aerem），義即太陽之王也（同著三五五頁）。此種國王似無實權，僅爲軍長，不問民政，司氏所誌堪察加諸名（同三五三頁），無一與貢使可也余志或可也余英暨國王孟蟀之名相類者。

中國史乘中未詳諸國考證卷六

大人國或長人國考證

山海經位置大人國於䃲丘之北，靑丘之南。據天文志考其方位，似在朝鮮一帶，是亦與通考所記長人國在新羅東之說相合也。玆歷引中國著作中各說於下，用爲尋求之根據。

山海經卷九海外東經云：大人國在䃲丘北，爲人大坐而削船。注云坐而削船，言其大也。

山海經卷十四大荒東經云東海之外，大荒之中，有山名曰大言，日月所出，有波谷山者，有大人之國。注云晉永嘉二年，有鶖烏集於始安縣南二十里之鶖陂中，民周虎張得之，木矢貫之，鐵鏃其長六尺有半，以箭計之，其射者人身應長一丈五六尺也。又平州别駕高會語云，倭國人嘗行遭風吹度大海外，見一國人皆長丈餘，狀似胡，蓋是長翟别種，箭殆將從此國來也。

大荒東經又云：有大人之市，名曰大人之堂。注曰，亦山名，形狀如堂室耳，大人時集會其上作市肆也。

三才圖會云：長人國人長三四丈。昔明州人泛海，値大風，不知舟所稍息乃在島下，登岸伐薪，忽一長人，其行如飛。明州人急走至船。長人追之，舟人用弩射之而退。

通考新羅條云：長人國在新羅之東。人類長三丈，鋸牙鉤爪，黑毛覆身，不火食，噬禽獸，或搏人以食，得婦人以治衣服。其國連山數十里，有峽，固以鐵闔，號關門，新羅常屯弩士數千守之。

邊裔典引新羅傳云，新羅弁韓苗裔也，居漢樂浪地，橫千里，縱三千里，東距長人，東南日本，西百濟，南瀕海，北高麗。

據此明確之指示，長人國應屬隱岐島，隱岐島有三島，即後島，西島，中島是也，在北緯三六度一一分東經一三二度五八分之間，新羅之東，日本沿岸。

至刳船之事，吾人今尙見蝦夷人以樹幹刳船，在川河從事交易，所用之木爲梓之一種。樹大而質輕，梓樹高約五十尺(見 von Siebold, Nippon Archiv VIII, 213.)。

削木爲船，不特蝦夷有此風，居黑龍江上流一帶之民族皆慣用此船。鄂耳察（Oltcha）人及葛耳德（Golde）人，削船用一種柳木（Salix praecox）（見 L. von Schrenck, Reisen im Amurlande, III, II, p. 507, 511.）

中國史乘中未詳諸國考證卷七

君子國考證

考淮南子地形訓，凡海外三十六國，自東南至東北方，有大人國，君子國，黑齒民，元股民，毛民，勞民。邊裔典所列諸國，次序亦同。據山海經海外東經所載，大人國之北有君子國，青丘國，黑齒國，雨師妾，玄股國，毛民國，勞民或教民等國。

前引二書皆列有君子國，茲引據中國書籍所誌者考證之。

淮南子云：東方有君子之國。（東方木德仁，故有君子之國。）其人衣冠帶劍，食獸，使二虎文也。

山海經海外東經云，君子國衣冠帶劍，食獸，使二大虎在旁。其人好讓不爭。有薰華草，朝生夕死。

又大荒東經云：有君子之國，其人衣冠帶劍。注云：亦使虎豹，好謙讓也。

使虎之事，日本史書中亦記載之〔見弗洛郎所譯日本記三卷二七頁　(Florenz, L. Nihongi, Vol. III, p. 27.)〕

博物志（卷二）云：君子國人衣冠帶劍，使兩虎，民衣野絲，好禮讓，不爭。土千里，多薰華之草。民多疾風氣，故人不蕃息。好讓，故爲君子國。

通考不載君子國，祇上述之材料可資參考也。據吾人前此考證，大人國即朝鮮東南之隱岐島，此國既在大人國之北，青丘國之南，則尋究青丘國之所在，即不難知君子國之方位矣。考中國天文志，青丘國應在三韓之間，三韓者，朝鮮東部之馬韓、辰韓、弁韓是也。又考十洲記，長洲一名青丘，在南海辰巳之地，上多大樹。一洲之上，專是林木，故一名青丘。又考尚書禹貢，朝鮮爲青州。又考呂氏春秋，禹東至島谷青丘之鄉。據上引各說，君子國之方位，應在朝鮮半島。

顧於考究君子國之先，吾人須先明君子之義。中國所謂君子，卽法人所謂 Gentilshommes，英文所謂 Gentleman。然英國人不以 Gentleman 譯其名，而以毫無意義之 The Princely Man 代之，其實中文之義，君子爲才德出衆之稱，與法人所稱之 Gentilhomme 正相合也，特英國人之心理，以爲 Gentleman 應有產業，貧人不應爲之，故不以 Gentleman 譯君子國。

吾人尋繹中國史書，兩見新羅國以君子國爲號，此國卽在朝鮮之東南。

邊裔典所引新羅本傳云：開元二十五年（紀元七三七年），帝命邢璹以鴻臚少卿弔祭（興光）子承慶襲王。詔璹曰：新羅號君子國，知詩書，以卿惇儒，故持節往，宜演經誼，使知大國之盛。又引朝鮮史略云：唐玄宗遣贊善大夫邢璹弔祭前王。初帝謂璹曰，新羅號爲君子國，頗知書記，宜演經義，使知大國儒教之盛云云。則君子國應爲新羅國也。

山海經記有君子國人使虎豹之事，是亦朝鮮半島之特產。謝波德 (von Siebold) 云：朝鮮產鹿，狐，山兎，狼，豺，虎，豹 (Felis Irbis)。所最堪詫異者，朝鮮及其以北之冰區所產虎豹甚多，至以其皮爲輸出貨品予曾在日本親見其皮革數張及活豹一頭（見 Nippon Archiv, VII, p. 19）。當時朝鮮半島之人畜養虎豹，如同家畜亦非不可能之事特半島之人不逐野獸，較他處爲易馴養則事之顯確者也。據通考所誌朝鮮北方勿吉之風有云山上有熊羆虎豹皆不害人人亦不敢殺也（卷三二六）。又述高句麗之風俗云：性柔仁惡殺，不屠宰飲食羊豕則包以蒿而燔之。刑無慘酷之科，唯惡逆及罵父母者斬餘皆杖肋（卷三二五）等語可以推想及之。

至若古朝鮮人之冠帶據唐書列傳（新唐書卷二二〇舊唐書卷一九九上）云王服五采。以白羅製冠革帶皆金釦。大臣青羅冠次絳羅珥兩鳥羽金銀雜釦衫筩褎袴大口。白韋帶黃革履。庶人衣褐戴弁。又據通考（卷三二五）高句麗條云：皆頭著折風形如弁，士人加插二鳥羽。貴者其冠曰蘇骨多用紫羅爲之，飾以金銀。服大袖衫大口袴，素皮帶黃革履。

博物志所述之君子國民衣野絲，而通考則云少絲蠶匹縑直銀十兩，多衣麻苧。

又據邊裔典引高句麗傳云：夫餘民衣布帛皮。土田薄塉蠶桑不足以自供。人節飲食云云。則亦有衣帛者也。

中國史乘中未詳諸國考證卷八

白民國考證

山海經於君子國及黑齒國間位置有白民國。據大荒東經云：「大荒中有山名曰明星，日月所出，有白民之國。帝俊生帝鴻，帝鴻生白民，白民銷姓，黍食，使四鳥，虎，豹，熊，羆。」又據海外西經云：「白民之國在龍魚北，白身被髮，有乘黃，其狀如狐，其背上有角，乘之壽二千歲。」又云：「肅愼國在白民北。」此節疑有誤。考淮南子地形訓，有白民在肅愼之次。又考史記正義，靺鞨國古肅愼也，在京東萬里。又考後漢書注云：「肅愼氏，其地在夫餘國北，東濱大海。」則山海經肅愼在白民北之說，位置恐有顛倒錯誤。

數年前嘗有人謂古時有白種居留亞洲之東，人必以其說爲妄誕無稽，但今日則不然也。日本北海道及樺太之蝦夷爲白種，且爲高加索種。曾由東亞被逐東遷，經由朝鮮散布於北海道樺太千島等地者也。據已故加特法質 (A. de Quatrefages) 氏之說蝦夷爲亞美種族高加索餘之別枝，此餘尚分芬 (Finnique) 閃 (Sémitique) 阿里安 (Aryenne) 三枝。一八八〇年克拉戈維 (Cracovie) 之戈貝尼基 (Kopernicki) 博士，曾將杜波斯基 (Dybowski) 博士所寄在樺太島掘出之蝦夷人骨一具，腦蓋七具，量度宣告其結果，以爲此人種與其他亞洲人種毫無血統關係。就人種及腦蓋兩方言，蝦夷蓋爲一種完全有別之民族。最初時其頭蓋長，應爲一種純粹人種。嗣後始有數點與蒙古種族相類。今日則頗混雜，尤以在北海道者爲最。其混合中有兩特點，一爲長形腦蓋，一爲顴骨突出與小顎骨相連也。前者爲蝦夷之固有體格，後者乃自蒙古種獲得者也（見 Bulletin international de l'Académie des Sciences de Cracovie, 1891, p. 238, Juillet.）。

克侶維 (Clove) 船船長沙力司 (Saris)，於一六一三年曾至日本，據其所聞曾居北海道日人之言曰：蝦夷人皮白，毛多似猿 (Purchas, His Pilgrimes, London, 1625.)。

黑龍江一帶之著名探險家史倫克（Leopold von Schrenck）博士，其筆記曾經俄國政府刊布者也。中有一章專述蝦夷，其說首先反駁善馬丹（Vivien de Saint-Martin）以蝦夷爲澳洲種尤與琶卜哇（Papouas）種相類之說。史氏以爲琶卜哇之髮短曲，蝦夷之髮光滑；蝦夷頭易禿，琶卜哇從未禿髮；蝦夷之髮圓，琶卜哇之髮扁；蝦夷之髮黑褐，琶卜哇之髮常黑（見 Reisen und Forschungen im Amur-Lande, III,I, p. 263）。其結論云：此人種移殖時應偕其歐洲人相貌以俱來，現所見之少數蒙古種型，蓋由其與蒙古種血統混雜所致也（同二六八頁）。

史氏復總結之曰：若就吾人前述之蝦夷人之語言及其身體結構言，蝦夷人種與今日各種種族皆不相類。其發源地應在亞洲大陸，應爲古亞洲人種之一種，早爲蒙古種所逐，居於東岸各海島者也。蝦夷最初佔據日本全部，嗣後始移向樺太千島。若根據此種事實，尋究其原來所經之道路，似非謝波德（von Siebold）所言之黑龍江一路，蓋此路爲另一古亞洲種吉利亞客（Giliakes）種由大陸移樺太所經之路。蝦夷移日本之路，應爲朝鮮及對馬島（Tsousima）。若欲求古蝦夷之遺跡，如語言及體格等，類於亞洲大陸，非求之於朝鮮不可。蓋其移向日本之前，勢必久留該地利希陀芬（von Richthofen）氏在中國朝鮮邊界，曾見有兩樣種型，其一與北海道之蝦夷極相類，遂疑及其與古之蝦夷爲昔日古種，而蝦夷則爲後之朝鮮人所逐者也。此說與予前說可互相參證（同二七五頁）。

予前作扶桑國考證時，尚未獲見史氏探險之書，乃予二人之結論則不謀而合。

予曾見扶桑（即樺太）及高句麗之貴人有對盧之號，可於語言中尋出蝦夷居留古朝鮮之痕跡。而扶桑移殖蠶種於高句麗，又可見兩國之交際相續不斷。由是亦可證明蝦夷乃由朝鮮半島被逐移居於日本羣島者也。移居之後，遂將原始小人殲滅殆盡，此事予於小人國考證中，亦曾說明，與史氏之尋究，完全相合也。

準是以觀，吾人可斷定中國史地書籍中之白民，即今日蝦夷之遠祖，昔日居留高麗，約在北緯四十一度，東經一百二十五度之間者也。

關於此項問題，吾人頗重視近代旅行家之著述。拜爾德（Bird）女士之書，屢言蝦夷之相貌似歐洲人之處多（見 Unbeaten tracks in Japan, vol. II, p. 9, 75, 135）。最近尼婆德

(Ottfried Nippold) 氏亦云今日大致承認蝦夷爲蒙古種，然其外貌逼似高加索種，頗類俄國鄉民也。（見Wanderungen durch Japan）再取吾友利啓 (Mac Ritchie) 之良著蝦夷 (The Ainos)（見通報四册二三五頁）讀之不難解決此問題矣。

至若此白民係土著抑來自西方，如山海經大荒西經所誌之白民，此問題尚爲懸案。其由他處移居於東海沿岸，復被黃種驅逐越海避居東海各島，亦意中必有之事也。若據巴豈洛 (Batchelor) 氏之說，蝦夷相傳古代曾居冰雪之地，無樹無鳥，蝦夷且證實其古話，以爲若非來自冰雪之區，何以體上多毛耶（見The Ainu of Japan, p.181）。

此種白民應係一種不事攻戰之平和種族，觀其寧避其敵不自防衛之陳事，可以知之。近雖猶居北海道樺太千島，然若不保障其不爲日本主人所殲滅，必於黃種文化與漁獵人種家族鬥風競爭之中大受淘汰。歐洲今日之白人，似應盡力保存古代佔據東亞廣大地方之白種，亦義之所當爲也。

至山海經所誌白民國之動物，今尚存在。史倫克氏曾見有虎豹，普通熊，及北極熊等物。至若，似狐之乘黃人疑即史氏所誌之 Canis procyonoides，此物似豺 (chacal) 有數著者曾列入狐類云。

按周書白民乘黃似狐，背上有兩角，即飛黃也。淮南子曰：天下有道，飛黃狀阜，是乘黃亦名飛黃也。

中國史乘中未詳諸國考證卷九

青丘國考證

此國中國史書早已著錄。周成王（紀元前一一二五至一〇七八年）大會諸侯於成周，青丘初次入貢。按汲冢周書王會解曰：青丘狐九尾。注曰：青丘東海地。山海經海外東經曰：青丘國在其（朝陽）北，其狐四足九尾。一曰在朝陽北。注引呂氏春秋曰：禹東至島谷青丘之鄉，其人食五穀衣絲帛。又引汲郡竹書曰：柏杼子征於東海，及王壽得一狐九尾，即此類也。

又大荒東經曰：有青丘之國，有狐九尾。

據前引各種記載，皆雜有九尾狐之神話，此種神話，格致鏡原瑞應篇說明有云：九星狐者神獸也。其狀赤色，四足九尾。出靑丘之國。音如嬰兒。食者令人不逢妖邪之氣，及蠱毒之類。

予前於中國天文志（Uranographie chinoise）之中（一一六頁），解說東方箕宿以狐爲名之理。此宿與尾宿相接，尾宿者卽吾人天文圖上之天蠍宮尾九星。九星狐名之原來，蓋合龍尾宿九星與狐宿而言。故發生九尾狐之神話，猶之埃及合獅子宮室女宮二宿而構成女面獅身鷲翼之怪物（Sphinx），同一理由也。

東方朔之十洲記，述靑丘之位置在南海之中，以爲卽另一海島之別名。其說曰：長洲一名靑丘，在南海辰巳之地。地方各五千里。去岸二十五萬里。上饒山川及多大樹，樹乃有二千圍者。一洲之上，專是林木，故一名靑丘。又有仙草靈藥甘液玉英，靡所不有。又有風山，山恆震聲。有紫府宮，天眞仙女遊於此也。

上說神話，多頗難解說靑丘所在。但吾人於君子國考證中，曾言靑丘應在三韓之內，古靑州之野也。

中國史乘中未詳諸國考證卷十

黑齒國考證

山海經海外東經曰：黑齒國在其（青丘）北。爲人黑食稻啖蛇，一赤一青在其旁。一曰在豎亥北，爲人黑首食稻使蛇。其一蛇赤。下有湯谷。

又據大荒東經曰：有黑齒之國。帝俊生黑齒，姜姓。黍食，使四鳥。

又據圖書集成邊裔典黑齒國雨師妾玄股國勞民國讚曰：陽谷之山，國號黑齒。雨師之妾，以蛇掛耳。玄股食鷗。勞民黑趾。

予前於考證扶桑文中，已將扶桑之方位，決定爲樺太島。山海經既云黑齒在青丘之北，而青丘又在三韓之中，又云下有湯谷，湯谷上有扶桑，十日所浴，在黑齒北，則黑齒之方位，不難尋求矣。

顧黑齒之民族甚多，中國史書曾記載有西方入貢之黑齒。據邊裔典（卷二十七）所載，成王大會諸侯於成周，黑齒入貢。按汲郡周書王會解：黑齒白鹿白馬。注曰：黑齒西遠之夷也。貢白鹿白馬。則此黑齒國在中國之西。

特據山海經所述之黑齒，應在東方。觀其記述玄股勞民等國有云：玄股之國其爲人衣魚。注云：以魚皮爲衣也。又曰：有招搖山，融水出焉。有國曰玄股，黍食。又曰：勞民國在其（玄股）北，其爲人黑，或曰教民，一曰在毛民北，爲人面目手足盡黑。此種國皆屬東方之國，與黑齒同也。

根據前述之記載，則朝鮮樺太之間，或樺太附近，黑龍江流域，昔有一種黑人，衣魚皮，食黍鷗，或其他海鳥。其髮黑，或其蒙首之物黑。其女子以蛇爲飾也。試再據此線索尋之。

通考（卷三二四）引魏略曰：昔箕子之後朝鮮侯，見周衰，燕自尊爲王，欲東略地。朝鮮侯亦自稱爲王，欲興兵逆擊燕，其大夫禮諫之，乃止。後燕攻其西方，取地二千餘里，至滿潘汗爲界，朝鮮遂弱。

博物志（卷九）曰：箕子居朝鮮。其後伐燕之朝鮮，亡入海爲鮮國，師兩妻，黑色，珥兩青蛇，蓋勾芒也。

如上所述，黑齒國使蛇之特別風習，於古朝鮮中亦見有之。

黑龍江南日本海岸居有魚皮達子，衣魚皮故以為名。樺太島之俄羅苛種（Orokkos）亦衣魚皮，此種東胡種族色甚黑，益以日曬及不潔其色愈黑。［按前引司特萊（Steller）之書（六十頁）有云堪察加春日之日甚烈，土人之色致與印度人無別。］黑齒之國，或指此地也。中國之旅行家見其色黑，故名之曰黑人。

又據山海經所載極東有勞民。淮南子（卷四）曰：勞民躁擾不定。此亦東胡游牧之俗也。蓋東胡游牧遷徙無定處，樺太島對岸黑龍江兩岸之土民，其例之著者也。

中國史乘中未詳諸國考證卷十一

玄股國考證

山海經海外東經曰：玄股之國在其（黑齒）北其爲人衣魚食鷗。注曰：髀以下盡黑，故云。以魚皮爲衣也。鷗，水鳥也。大荒東經曰：有招搖山，融水出焉，有國曰玄股，（自髀以下如漆）黍食。

吾人所知玄股之國，秖此，據史倫克(L. von Schrenck)氏所誌以鮭魚(Salmo lagocephalus)皮爲衣之俗，黑龍江以及烏蘇利江一帶之民族皆有之。松花江口以北，始以獸皮爲衣(Reisen und forschungen im Amur-Lande. 1891, Vol. III, 2, p. 409)。

樺太島北部使馴鹿游牧之俄羅奇種，亦衣魚皮，黑龍江南吉林北部，今日尚爲衣魚皮之種族所昔中國人名之曰魚皮韃子。

米登朵夫(Middendorff)書中，曾繪有中國東胡種中之尼紀達(Nigidal)人衣魚皮之圖(Reise in dem äussersten Norden und osten Siberiens, Vol. IV, 2, p. 1530, 1875)。史倫克氏亦於其黑龍江旅行誌中，詳述沿江及樺太吉利亞克種 (Giliakes) 魚皮衣之形狀(同前史著三八八頁)。

至中國古地理學者稱吉利亞克種爲玄股國者，因其著海狗皮或水獺皮之靴也。史倫克曾言吉利亞克人皆著長靴，靴長至膝，袴脚皆在靴內(同三八七頁)。

查靴爲東胡之服，至紀元前三〇七年始爲中國人所服。考中華古今注云：靴者，蓋古西胡服也。昔趙武靈王好胡服，常服之。又考郭思畫論云：靴本胡服，趙武靈王好之，制有司衣袍者，宜穿皁靴。又據筆談云：北齊全用胡服，長靿靴。又據學齋佔畢云：古有舃有履有屩而無靴，故靴字不見於經。至趙武靈王變履爲靴，而至今服之。

自是以後，中國官吏多著黑色緞製長靴。其未至中國以前，山海經之著者未見此物，以爲衣魚皮之人腿足皆黑，亦意中必有之事也。

山海經所誌玄股國人所食之鷗，竊揣其意，或概指一切水鳥而言，此亦今之吉利亞克種之習慣也。凡鳥類除烏（Corvus corone）以外，皆食之。史倫克且見有人食 Phaleris cristatella 及白尾鷲也（同四三七頁）。

中國史乘中未詳諸國考證卷十二

勞民國或教民國考證

此國予於研究地理問題中已屢言之，然可考之資料甚少。考山海經海外東經：勞民國在其北，其爲人黑，或曰教民國，一曰在毛民（按即蝦夷）北，其人面目手足盡黑。（毛民）淮南子亦記有教民。又考海外東經注云：食果草實也，有一鳥兩頭。

吾人所得之材料祇此，頗難詳其爲何種民族，吾人惟能言其曾居於樺太之北，鄂霍次克海沿岸而已。

吾人前所敍述之民族，皆共處一方，觀淮南子所誌，可以知之。考淮南子（卷四）地形訓，自東南至東北有大人國，君子國，黑齒民，玄股民，毛民，教民，則教民必處前述各種族之間也。

中國史乘中未詳諸國考證卷十三

泥離國考證

中國史乘中未詳諸國之疑義最多而解說紛紜者，莫逾泥離一國。已故之波結(Pauthier)氏所著之中國誌(Description de la Chine)（八五頁），以泥離即泥羅(Nil)，遂以泥離爲埃及。此說曾經許連(Stanislas Julien)氏駁正之（見 Simple exposé d'um fait honorable odieusement dénaturé dans un libelle récent de M. Pauthier. de quelques inventions archéologique de M. Pauthier），其錯誤顯明，吾人可勿須引據其說也。但許連氏所持之說，理由亦不充足。彼以爲泥離即泥梨(Nâla)，此城在印度之摩伽陀（一作摩揭它）(Magadha)國內，城爲阿輸迦(Açôka)王所建，中國僧人法顯曾蒞其地。普馬丹(V. Saint Martin)氏又以其地即僧哥羅(Singhala)史書中所誌之 Nala，其地在古之巴連弗邑(Pâtalipoutra)，今帕特那(Patna)城之東南(見 S. Beal, Travels of Fah-hian, p. 109)此二說皆非。故臺連(Torrien de Lacouperie)氏反駁之曰，阿輸迦王之建泥梨城在中國史書記泥離國事八百年後，此泥梨非前之泥離也(見 Babylonian and Oriental Record, April 1889, p. 108, note 195)。臺氏駁人之說雖是，然自己所持之說亦非。其說以爲泥梨即 Nêré 或 Norai，即昔之莫干(Mogaung)地方，爲諸拉(Noras)人所居之地；特未知 Norai 在中國之西南，依拉哇的江(Iraouaddy)左岸，而中國書中之泥離乃在東北也。

前引諸家，皆未注意拾遺記之兩記述，此國皆在中國極東，致有此誤。泥離使至中國，第一次在紀元前一一一三年，周成王時；第二次在紀元前一九三年漢惠帝時。後之記述，明言東極出扶桑(今之樺太)之外。第二次泥離國使之記述，據吾人所知，並未譯成西文。

查泥離國，邊裔典列入東方未詳諸國之內。茲將拾遺記兩次所述泥離國之文錄出，以供參考。

拾遺記卷二云：成王卽政三年，有泥離之國來朝。其人稱自發其國，常從雲裏而行，聞雷霆之聲在下；或入潛穴，又聞波瀾之聲在上（一本有或泛巨水）；視日月以知方國所向，計寒暑以知年月，考國之正朔，則序曆與中國相符。王接以外賓之禮也。

拾遺記卷五云：前漢孝惠帝二年，四方咸稱車書同文軌，天下太平，干戈偃息。遠國殊鄉，重譯來聘。時有道士姓韓名稚，則韓終之嗣也。越海而來，云是東海神（一本下有君之二字）使，聞聖德洽乎區宇，故悅服而來庭。時有東極出扶桑之外，有泥離之國（一本下有亦字）來朝。其人長四尺，兩角如繭，牙出於脣，自乳已來（一本作以下）有（一本作垂）靈毛自蔽，居於深穴，其壽不可測也。帝云方士韓稚解絕國人言，令問人壽幾何，經見幾代之事。答曰：五運相承，迭生迭死，如飛塵細雨，存歿不可論算。問：女媧以前可聞乎？對曰：蛇身已上，八風均，四時序，不以威（一本作爲）悅，攪乎精運。又問：燧人以前。答曰：自鑽火變腥以來，父老而慈，子壽而孝，自軒皇（一本作羲軒）以往（一本作來），屑屑焉以相誅滅，浮靡囂動（一本作薄），淫於禮，亂於樂，世德澆訛，淳風墜矣。稚（一本下有具字）以答聞於帝。帝曰：悠哉杳昧，非通神達理者，難可語乎斯遠（一本作道）

矣。稚於斯而退，莫知其所之。帝使諸方士立仙壇於長安城北，名曰祠韓館。俗云司寒之神，祀於城陰。按春秋傳曰以享司寒，其音相亂也。定是祠韓館。至二年，詔宮女百人，文錦萬疋，樓船十艘，以送泥離之使，大赦天下。

吾人於考證之前，先列舉此記中顯著之事實，據其所載，泥離國多霧，道路崎嶇。在扶桑或樺太以外，極東之地。計寒暑以知年月。其人長四尺，兩角如繭，牙出於脣，乳下有靈毛自蔽，居於深穴，其壽甚長。

至方士韓稚關於中國古史之問答，吾人可剔去不論。蓋吾人不特疑韓稚之不諳泥離方言，卽泥離使臣之談中國古史，亦恐爲韓稚所臆造。然其詐術足以迷惑中國帝主，使之一面立祠以祀之，一面並以宮女文錦樓船以送泥離之使，並大赦天下，亦足驚矣。

據此兩種記述之結果，泥離使臣曾由海陸兩至中國，其國在扶桑以東，中國皇帝曾以樓船十艘送之歸國。

研究材料既已列陳於前，茲再決定昔日泥離國究在何處。

吾人現在據以考證之最要綫索在牙出於脣一事。吾人前此考證流鬼國（今之堪察加）時，曾引通考所誌『其國北一月行有夜叉人皆豕牙翹出噉人莫有涉其界未嘗通聘』等語。按朱克濟種（Tchouktchi）以愛自由及勇敢著名，荷蘭人本丁克（Bentinck）之韃靼系譜史（Histoire généalogique des Tartares）一一〇頁云朱克濟（Tzuktzchi）查拉資機（Tzchalatzki），俄魯脫斯機（Olutorski）等族，爲亞洲北部最猛惡之種族。卓爾紀（Georgii）之全俄民族誌二册三五〇頁亦言朱克濟種較可利亞克（Koriaques）游牧之族爲兇惡殘暴狡詐，以二十朱克濟人可驅五十可利亞克人。吾人前於大人國考證中，曾言此夜叉即朱克濟人，依徒蠻人昔名之曰塔尼列姑（taninegou），猶言勇健之人，而中國人遂因以夜叉名之也。

如前所述吾人以爲昔之泥離國，即今日朱克濟人之居留地在堪察加之東北。昔日爲曹卓娃（Tchautchowa）人所居，曹卓娃，華言小人也，［曹卓娃俄文一轉而爲朱克濟（Tchuktchi）或朱克成（Tchuktchen）。可利亞克人（Koriaques）即以此名自名。可見此二種族昔日曾構成一種國民也］據中國記載云：其人長四尺，則亦曹卓娃之流也；又云牙出於脣，朱克濟人即有此風，以骨插上脣脣角，故俄人名之爲朱克濟，按朱克濟俄文爲朱巴特濟，卽海狼魚（Anarrhichus lupus）之名。此魚長六七尺，口有牙，卽以自衞，性貪食，離水亦能久遠生存。格倫蘭（Greenland）艾斯蘭（Islande）沿岸多有之，人以其皮造革作膠，其膽汁作胰子。（可參考 H. Schlegel, Handleiding tot de beoefening der Dierkunde, V. 4. p. 141）。其上腮有牙五行，下腮三行，漁人不敢生獲之。（可參考 Pôppig, Naturgeschichte, V. 4. p. 112, 109）。又按克能（Kern）教授之說，Zoub 爲牙，Zoubatyj 爲有牙之意，一轉而爲 Zoubatka 爲海狼魚之名。堪察加人及中國人不察，遂以其牙爲眞。

今之朱克濟人，固無此奇特之飾品。然與朱克濟相接，朱克賫克岬（Tchukotskoi）附近各島之土人，此風尙存。人曾見鮑魯賫基人（Pawlutski）與朱克濟人戰鬬之後，戰場上島民戰死者，鼻下插有海馬牙二枚（Krachenenninnikow, Histoire et description du Kamtchatka I, 405—406）。

在朱克濟之東北，與朱克賫克岬相對之二島，居有一種民族，朱克濟名之爲阿栗沙烈特人，(Achjuchaliaet)及帛克利人(Peckeli)，亦以牙嵌於頰，居於堡塞，以野鴨皮爲衣(見 Müller, Voyages et découvertes faits par les Russes, I, p. 75)。

一七一一年時，哈薩克人星波波夫(Sin-Popov)報告有云：海岬之兩面，在戈利馬河(Kolyma)及阿那的河(Anadir)出口海中，有一大島，朱克濟人卽名之曰大地。其居民以大牙穿頰，語言及生活與朱克濟人異。其與朱克濟人爭戰，不知幾何年矣。星波波夫曾於朱克濟人中見有捕虜十人，皆以海馬牙嵌入兩頰（同七五頁）。

一六四八年時，德色勒夫(Deschnev)亦曾於東北方兩海島上見朱克濟人以海馬之牙嵌入脣上（同一三頁）。土人之用此飾品者，蓋欲其與海馬相類也。

又據十七世紀末年，南懷仁(Ferdinand Verbiest)所著之坤輿圖說，記北美土民，亦有此風。據云若獲大仇，削其骨二寸許，鑿頤作孔，以骨栽入，露寸許於外，用表其功。頤有樹三骨者，人咸敬畏（卷一三九，北亞美利加條）。

此種種族，昔曾居留於今日朱克濟所居之地，可以朱克濟人傳述之故事證之。據云：朱克濟

地方戈利馬河 (Kolyma) 之外，有安尼威 (Anyui) 並行之溪流二，並流入海。二溪中爲巖石所隔，至近海之地，始合流入海。此蓋古代安尼威兩溪分流入海之遺跡也。古時有大僧巴克桑 (Bouksan-Olgyn) 者，執耶美利亞賚神之大權，威勢甚大，其他僧人，莫不懾服。安尼威之分水巖後，居有一老人，老人之女，貌甚麗。大僧見之，求昏於老人。不幸大僧老而醜，其尤陋者，『長一尺之大牙，露出口外』，女頗畏之。然其父不敢拒其請，乃謂之曰：予甚願以女妻汝，顧予惟一女，汝將攜之遠地，山徑崎嶇，予恐未能往視之。汝若能於兩安尼威之間，開一小河，使予能駕舟至汝家，予卽以女妻汝。大僧許之，乃以術命地下大象開河，一夜卽成。然當二河合流之時，卽將大僧捲入波心。次日女在舟佈網時，忽有風覆舟，將女體流至大僧死亡之處。人遂於其處造塚葬女。自是以後，朱克濟幼女經此地者，以茶煙祀之，懼爲大僧取作婦也（見 Franz von Adlerberg: Aus dem Lande der Kangienisen)。

前述之故事，尚留存古代飾牙土民與侵入之朱克濟人相爭之微意。因該地土民具有此俗，故哈薩克人名之曰朱巴提 (Zoubati)，猶言有牙之人也。顧其島民亦爲朱克濟人，故克拉十勒寧尼可夫 (Krachneninnikow) 云，不特居留北方朱克賚克岬 (Tchoukotsk) 一帶之土民爲朱克濟人，即附近之海島土人亦屬其類 (Krachneninnikow, op. cit. I, p. 193 194)。

史特萊 (Steller) 氏亦云：美洲西方沿岸之居民，亦以魚骨爲飾，完全與朱克濟人相同。

格美林 (Gmelin) 氏亦云：朱克濟人用海牛 (Phoca dentibus caninis exsertis) 小牙嵌頰以助戰威，欲使敵人知畏(見 Reise durch Siberien, Vol. III, p. 165, 169; Vol. II, p. 645)。

據朱克濟人之傳說，彼等所居之地，昔爲一種種族名翁基隆 (Onkilon) 或那莫洛 (Namollo) 者所據。此族二百年前尚居於十拉司郭岬 (Chelagskoj) 至白令 (Bering) 海峽一帶之朱克成 (Tchouktchen) 地方，今日人尚稱之爲安加利 (Ankali.) 人。此族與白令海峽美洲方面之艾司圭毛 (Eskimaux) 種，有血統關係。米萊 (Muller) 氏曾據德色勒夫 (Deschnev) 之旅行記錄云，朱克濟河 (Tchoukkotskaia) 構成之地峽，尚有二島爲朱克濟別族所居，其人以

牙穿脣 (Sammlung russischer geschichte)。

今之朱克濟人不以牙貫脣，惟以環穿耳。但據中國記載，當時之朱克濟人或那莫洛人，七世紀以前，尚以牙穿脣，特吾人認識此民族之時，在十七世紀以後，不獲見之耳。

中國人稱之曰夜叉，卽因其以牙穿脣。夜叉爲婆羅門教魔鬼之一種，僧哥羅 (Singhala) 語名之曰 Yaka，卽梵文夜叉 (Yakcha) 之轉也。今日所見夜叉之假面具，不特露牙於外，且有長牙二枚至四枚，突出於脣角。中國人以朱克濟人形與夜叉貌相類，故以夜叉名之。

又據酉陽雜俎所載，蘇都識匿國有夜叉城，城舊有夜叉，其窟見在等語。吾人曾述朱克濟人之居處，與阿利亞克人及堪察加人之居處相同，皆掘坎於下，建屋其上，則中國人之名朱克濟人爲夜叉者，又具有另一理由也。

吾人今不知蘇都爲何地，然於識匿一地，知之久矣。考通考卷三三七云：識匿或曰屍棄尼，曰瑟匿，踞葱嶺，守捉所〔今之喀喇崑崙 (Karakorum)〕南三百里。屬獲密 (Tamasthiti)。爲昔吐火羅 (Tukhâra) 之一省，人喜攻剽，劫商賈。西北接俱蜜，初治苦汗城 (Khokand)，後散居山谷。

俗窟室。

朱克濟人長壽之說，史特萊(Steller)氏(前引書三〇一至三〇二頁)屢言之矣。據云：有年至七八十歲始死者，六十歲以前髮不灰白，齒牙不落，老人髮不全白。中國人或者因此遂認定其壽不可測歟。

胡帛(Hooper)氏(Ten months among the tents of the Tuski, p. 200)云：彼信朱克濟人壽甚長，百年不爲多也。戈赫南(Cochrane)氏(見 Voyage à pieds par le royaume Russe et la Sibérie, V. II, p.95)亦言朱克濟人之壽甚長，然則淮南子『寒氣多壽』之說，不爲無據也。近代之旅行家南格耳(Wrangel)氏曾於西比利亞之戈利馬河(Kolyma)沿岸見一八十二歲之雅庫特人(Yakoute)牧畜者，尚與少年人競騎，且言今人不及昔人，其父生時，人壽可至百年以上也(見 Reise langs der Nordkuste von Siberien, I, 349)。

朱克濟人及依徒蠻人分年之法，以寒暑爲度，一年分爲二年，每年六月。計此月出至下月出，爲一月。夏年始於五月，冬年始於十一月。月以天然事變爲名，故中國記述，謂其序曆與中國相符

耳 (Steller, op. cit, p. 359-361)。

其人計數不過二十，蓋僅限於手指足趾也。若欲其計至二十以上，則垂其手，或示其髮，表其不能計算也 (Steller, p. 361)。

昔泥離國使至中國時，中國人或有問其壽者，其使臣不能計算，故以其壽爲不可測。

至其兩角如繭，蓋爲朱克濟婦女之粧。胡帛 (Hooper) 氏云：(op. cit., p. 225) 其女髮前齊眉，後則結爲雙髻，以皮板束之，兩端突出，形似繩結，此繩結或卽中國人所述之繭，當時使臣隨從之人，或有婦女在其中也。

朱克濟之窟居，亦與中國記載居於深穴之說相合。克拉士勒寧尼可夫 (Krachneninnikow) 云：朱克濟人之窟室在土坎之內，與堪察加窟室相同，但較寬廣，其中煙氣薰人，一如可利亞克人之窟室。胡帛 (Hooper) 氏記述亦同，且言其熱在華氏表百度之間 (op. cit., p. 49)。

至泥離國使常從雲裏行之說，亦不爲過。蓋霧多而地不平之處，無逾於朱克濟地方者。考其行程所經，大約從彭井灣 (Pentchina) 放洋，循韃靼海峽南行，在朝鮮登陸，以達中國。巨水云者，或指鄂霍次克海而言也。

昔黑水靺鞨於七世紀時嘗海行十五日，與堪察加半島土人相貿易，朱克濟人卽乘此靺鞨商船來中國，亦未可知也。

俄國人首爲此程途之旅行，時在一七一六年。當時俄人不諳航海，俄皇大彼得以所虜瑞典海員，駕駛兵船，沿海岸東北行，爲風吹至堪察加。

一七三〇年，色司大戈夫（Schestakov），遠征朱克濟時，於韃靼峽登舟，越鄂霍次克海至彭井灣（Pentchina），登岸，航路亦同也。

至若泥離之名，吾人暫時無庸解說。夫蠻族大致無名，皆自稱爲『人』。彼有名號者，大都爲其鄰所加，實乃綽號，非本名也。

卽欲解說之，吾人亦祇有一種假定之說，以供參考。一六四九年時，德色勒夫（Deschnev）溯阿那的河（Anadir）上駛之時，遇有阿勞離司（Anaulis）民族，其人數頗少，而甚頑強，不久卽殲滅殆盡（Müller: Voyages et découvertes faits par les Russes, I, 15）。

若將阿勞離司 (Anaulis) 表示多數字尾之 s 省去，其字首之 a 或爲前接字，亦並省去，所存者勞離 (Nauli) 二音而已。

中國人（如法顯等）譯音常以 na 音作泥，如 Nala 之譯爲泥梨，則 Nauli 亦可譯爲泥離。今日朱克濟地方之古代居民，或卽名 Nauli 也。但此特爲吾人假定之說，其實亦無關要旨。蓋其他論據皆足以決定其地理方位而有餘也。

吾人之說設若正確，由此可以證明美洲之艾司圭毛種 (Eskimaux)，乃由亞洲所移殖。此種身軀短小之民族，先居今日朱克濟人所居之地，旋被逐至海岸白令海峽各島阿留特列島 (Aléyoutes)，以至美洲等處。今日惟在此種區域之中，始獲見以牙嵌唇之奇俗也。朱克濟人，胡帛名之曰突司基 (Touski)，以其爲鄂司梯亞克種 (Ostiaks) 之一部落。朱克濟人自稱則爲朱梯西 (Tchoutichis)，與朱克濟及艾司圭毛種之朱加濟 (Tchoukatchis) 比較，名多相類也。(Voyage de Wrangel, Vol. II, p. 218) 其至亞洲今地，大概爲時不遠。

觀紀元前十二世紀及二世紀兩次泥離國使至中國之事跡，可以證明中國聲望所致之地甚遠。遠道之國亦來朝聘，其聲勢遠至泥離者，或爲朝鮮之中國殖民所傳佈。今之言中國民族者，力持中國民族非古之說，務求所以排擠之法，此風現盛行也。觀此證明，可以休矣。

若以西歐諸國完全憑藉武力之聲望，與中國憑藉賢能及社會良好秩序所致之聲望相比較，孰得孰失，不難判矣。西歐諸國之歷史處處皆可以基督之說證之。基督曾云：『凡執劍者，死於劍。』此種强大帝國今尚有存在者歟？皆已亡於血火之中矣，惟中國一國，除於防禦外侵時一執劍外，常以温和及利導方法傳佈其文化，雖經無數變故，仍然完全自保，以迄於今。彼恃『上帝常佑最多軍隊』爲標語之好戰君王，曷不一求此寶貴之教訓耶。

中國史乘中未詳諸國考證卷十四

背明國考證

考拾遺記（卷六）云：宣帝地節元年（紀元前六九年），樂浪之東有背明之國，來貢其方物。言其鄉在扶桑之東，見日出於西方，其國昏昏常暗，宜種百穀，名曰融澤，方三千里。五穀皆良，食之後天而死。有浹日之稻，種之十旬而熟。有翻形稻，言食者死而更生，夭而有壽。有明清稻，食者延年也。清腸稻，食一粒歷年不饑。有搖枝粟，其枝長而弱，無風常搖，食之益髓。有鳳冠粟，似鳳鳥之冠，食者多力。有遊龍粟，葉屈曲似遊龍也。有瓊膏粟，白如銀，食此二粟，令人骨輕。有繞明豆，其莖弱，自相縈纏。有挾劍豆，其莢形似人挾劍，横斜而生。有傾離豆，言其豆見日，葉垂覆地，食者不老不疾。有延精麥，延壽益氣。有昆和麥，調暢六府。有輕心麥，食者體輕。有醇和麥，爲麴以釀酒，一醉累月，食之凌冬可袒。有含露麥，穟中有露，味甘如飴。有紫沈麻，其實不浮。有雲冰麻，實冷而有光，宜爲油澤。有通明麻，食者夜行不持燭，是苣藤也，食之延壽，後天而老。其北有草名虹草，枝長一丈，葉如車輪，根大如轂，花似朝虹之色，昔齊桓公伐山戎，國人獻其種，乃植於庭，云霸者之瑞也。有宵明草，夜視如列燭，晝則無光，自消滅也。有紫菊，謂之日精，一莖一蔓，延及數畝，味甘，食者至死不饑渴。有焦茅，高五丈，燃之成灰，以水灌之，復成茅也，謂之靈茅。有黃渠草，映日如火，其堅韌若金，食者焚身不熱。有夢草，葉如蒲，莖如蓍，採之以占吉凶，萬不遺一。又有聞遐草，服者耳聰，香如桂，莖如蘭，其國獻之，多不生實，葉多萎黃，詔並除焉。

吾人所得背明國之材料如前，背明云者，其國遠在極東之地，其人見日出西方也。

吾人切勿因此遂又涉及美洲。當時日本自以其地近日所出，故以爲名。（通考卷三二四：惡倭名，更號日本，使者自言國近日所出，以爲名。）則欲知其國之所在，祇須求之於扶桑（樺太）之東，或更向北尋之。使者既言其國昏昏常暗，此地應在堪察加哥利亞寄（Koriaques）及朱克濟（Tchouktchi）所居地，以至白令海峽一帶，蓋旅行家咸言其地常多霧也。考拾遺記所誌有浹日之稻種之十旬而熟之語，尤可證明其爲斯地無疑。北部一帶夏日突繼冬日，收穫可能於此短期間內爲之。在北極緯度七十度地方，大麥 (Hordeum Vulgare) 種植之後九十日即成熟可收。堪察加六月半間始能下種，八月半前即應收割。地愈向北，植物成熟愈速。史克洛陶司基 (Schklotowski) 氏云：此種北極地方（指朱克濟地方）植物生長之速，出人意料之外：早間樹枝尙禿，晚間即嗅覺落葉松 (Mélèzes) 脂針之香；次早即見樹有嫩葉。草之生長亦然，二十四小時之中，即萌生於地 (Franz von Adlerberg: Aus dem Lande der Kangienisen)。

格美林 (Gmelin) 氏云（見 Voyage en Sibérie, III, 374）：雪始降時，熱與溼即伏於地中，予根種以急速萌芽之力。有數種植物，三月及四月初間已完全開花，四月種子，月內即熟。

背明國所貢方物，皆屬穀類，惜多萎黃，致中國之植物學者，僅能明悉數種而已。此種穀類延壽之神奇效力，置諸不論可也。合計有二十六樣，以類別之，不出稻、粟、豆、麥、麻、草、菊、茅、八種。茲據所知，分述於下。

背明國有搖枝粟，其枝長而弱，無風常搖，食之益髓，此明指北極一帶之植物也。史特萊 Steller) 氏云 (op. cit., p. 51)。堪察加地方潮溼，穀類萌生甚速，其莖甚高，然結穗空而不實。豌豆莖高數尋。克拉十勒寧尼可夫(Krachneninnikow)氏云：(Description du Kamtchatka, I, 10)。彼曾種大麥數次，觀其生長之高，莖穗之大，收穫之多，洵可喜也。其莖長一阿新［archine（俄度名，合七十一公分）］有半，穗長約一阿新之四分一強。惜八月初即凍萎。地更向北，燕麥，黑麥，大麥生長甚易。雅庫資克（Yakoutsk）道院，曾種大麥七八卜得［poudes，（俄量名）］收穫之多，不惟可供道院之食，且以濟附近居民不時之需 (op. cit., 16)。搖枝粟蓋即指上述之穀類也。

有遊龍粟，葉屈曲似遊龍也。此粟按即馬蓼，因其莖葉形如蛇之捲曲，故有遊龍之名。生於沼澤，長可一丈(Bretschneider, Botanicon sinicun, no. 426, p. 243)。但據格美林(Gmelin)之說，此物即壯蒙（別名拳參，又名紫參）(Polygonum bistorta)生於鄂霍次克海岸及堪察加地方。

有瓊膏粟，白如銀。格美林(Gmelin)氏以爲即 Triticum radice perenni Spiculis binis lanuginosis (Flora Sibirica, III 42)。克拉十勒寧尼可夫 (Krachneninnikow) 云：(op.

cit. II, 83.) 此物堪察加沿岸有之，其莖長，其色帶白，形類小麥。聖彼得堡 (St. Pétersbourg) 附近俄皇別宮 (Strelinaïa Mouiza) 附近沙地中亦產有之。

有繞明豆，其莖弱自相縈纏。據吾人所知，史特萊 (Steller) 氏所述，堪察加之豌豆，莖長數尋，或即此物也。

有挾劍豆，似人挾劍，橫斜而生。此物或即煙脂豆 (Haricot rose)，豆頭有黑形，頗類人像。

有醇和麥，爲麴以釀酒，一醉累月，食之凌冬可袒。此物似即野白芷之屬 (Sphondilium foliolis pinnatifidis)。堪察加人以之釀酒，其性甚烈，飲之即醉。史特萊 (Steller) 氏曾見人飲此酒，初似醒，一飲冷水，即大醉不能站立。欲知此草如何釀酒，可取史特萊及克拉士勒寧尼可夫二氏之書閱之。史氏且云：脫波司克 (Tobolskoi) 地方亦有俄國野白芷酒。此物美洲亦產之，其釀酒法與堪察加同。

有含露麥，穟中有露，味甘如飴。此物似即史特萊氏所述之 Ulmaria fructibus hispidis。克拉士勒寧尼可夫云：此物之莖空而有液，與羌活 (Angélique) 相同。俄人與堪察加人春日食

其嫩莖 (op. cit. II, P. 77-79.)。

有雲冰麻實冷而有光宜爲油澤此物或卽史特萊氏所述之 Kamenni poporadnik (p. 364)。據云堪察加女子嚼其葉以涎合葉擦髮使之香潤。

有通明麻是葭藤也。按葭藤卽胡麻，天方夜談中已謂此物已賦有神妙作用，又何怪中國記載言其食之延壽後天而老歟！

有虹草，枝長一丈，葉如車輪，根大如轂，花似朝紅之色。昔齊桓公伐山戎，國人獻其種，乃植於庭。此物未經布內側耐德 (Bretschneider) 指明爲何種植物。惟巴拉司 (Pallas) 氏 (Neue nordische Beitrage IV, p. 124) 曾言千島數島中有一奇木高逾人身，莖空而厚，其上有一圓大之葉，如冠之覆其頂，人可避雨於下。此樹松輪島、羅處和島、計吐夷島等島皆有之云。吾人於前此考證中，曾言北海道亦有此種植物，爲蝦夷所滅之原始小人曾避雨於此樹葉之下。張伯蘭 (Chamberlain) 謂此樹卽牛蒡 (Bardane) 之一種。謝波德 (von Siebold) 謂其爲款冬之屬，而定名爲 Tussilago Gigantea。據云日本某醫生曾以一葉示予，對徑有一公尺。秋田地方附近，其棄更大。日本人所作畫品，有繪數鄉民避雨於其下者也 (Nippon Archiv, Reise von Nagasaki nach Jedo, p. 63)。

有紫菊，謂之日精，一莖一蔓，延及數畝，味甘，食者至死不飢渴。此即格美林所述之 Lilium floreatro rubente。克拉十勒寧尼可夫謂其球根煮熟可食，其性滋養，人可日日食之，不覺麵包之缺乏也。

有背明草，夜視如列燭，晝則無光，自消滅也。此物似即白鮮 (Dictamne)，其花紅茂，夏夜得見其光輝也 (Schoedler, Das Buch der Natur, Botanik p. 292)。格美林 (Gmelin) 謂白鮮西比利亞亦有之 (Flora Sibirica, IV, P. 177)。

焦茅似爲 Ferula gigantea。此物數星期中，即可長至十四尺，構成極密之葦林 (Eden, Frozen Asia)。

蓍草即 Achillea Sibirica。中國人用蓍 (Ptarmica Sibirica) 莖以占吉凶 (Bretschneider, Botanicon Sinicum, II, p. 246)。

至若此國所在，吾人無法尋究。蓋西比利亞之民族，常易其名，而吾人史地之知識，僅始於十七世紀也。吾人惟知此國應在西比利亞極東，樺太島之東，但不在日本之東，如某某之說耳。日本之東，太平洋諸島，並不昏昏常闇，如背明國也。

中國史乘中未詳諸國考證卷十五

鬱夷國考證

鬱夷國名見於拾遺記（卷十）據云：蓬萊山東有鬱夷國，時有金霧，諸仙說此上常浮轉低昂，有如山上架樓室，常向明以開戶牖，及霧滅歇，戶皆向北。

拾遺記所載甚簡，殊難考其所在。惟同一著作所記，此國出神膠，可以接斷弦。（按十洲記鳳麟洲亦出斷弦膠，或名連金泥。）茲據其所載，錄之於下。

拾遺記（卷八）云：吳主趙夫人，丞相達之妹。善畫，巧妙無雙，能於指間以綵絲織雲霞龍蛇之錦，大則盈尺，小則方寸。宮中謂之機絕。孫權常歎魏蜀未夷，軍旅之隙，思得善畫者使圖山川地勢軍陣之像。達乃進其妹。權使寫九州江湖方岳之勢。夫人曰：丹青之色，甚易歇滅，不可久寶。妾能刺繡，作列國方帛之上，寫以五岳河海城邑行陣之形。既成，乃進於吳主。時人謂之針絶。雖棘刺木猴，雲梯飛鳶，無過此麗也。權居昭陽宮，倦暑，乃褰紫綃之帷。夫人曰：此不足貴也。權使夫人指其意思焉。答曰：妾欲窮慮盡思，能使下綃帷而淸風自入，視外無有蔽礙，列侍者飄然自涼，若馭風而行也。權稱善。夫人乃拆髮，以神膠續之。神膠出鬱夷國，接弓弩之斷弦，百斷百續也。乃織爲羅縠，累月而成，裁爲幔，內外視之，飄飄如煙氣輕動，而房內自涼。時權常在軍旅，每以此幔自隨，以爲征幙。舒之則廣縱一丈，卷之則可內於枕中。時人謂之絲絶。故吳有三絶，四海無儔其妙。後有貪寵求媚者，言夫人幻耀於人主，因而致退黜。雖見疑墜，猶存錄其巧工。吳亡，不知所在。

按此膠卽魚膠，一名阿膠。考詞林海錯云：『阿膠出從遼水魚白』以魚胞作之，大致以鱘魚(Esturgeon)爲多。堪察加地方女人以乾魚皮作膠，大致用鯨魚皮作之。其法以樺樹皮裹鯨魚皮，覆於熱灰之下，卽成良膠。據克拉十勒寧尼可夫所述 (op. cit I, 56) 此膠可當俄國最良之膠云。

製膠之業極汚穢，炙皮之時，黃煙散布四圍，臭不可耐也。鬱夷之名，或指此種製膠之人，亦未可知。

中國史學者所供之材料既少，此國之方位，頗難尋求。吾人惟知此膠於三世紀時，即輸入中國以供百用也。

鬱夷之西有含明國，其方位較爲易尋，詳見後文。

中國史乘中未詳諸國考證卷十六

含明國考證

拾遺記（卷十）曰：蓬萊山東有鬱夷國，其西有含明之國，綴鳥毛以爲衣，承露而飲，終天登高取水，亦以金銀蒼環水精火藻爲階，有冰水沸水，飲者千歲。有大螺名躶步，負其殼露行，冷則復入其殼，生卵著石則軟，取之則堅，明王出世，則浮於海際焉。有葭紅色，可編爲席，溫柔如罽毳焉。有鳥名鴻鵝，色似鴻，形如禿鶖，腹內無腸，羽翮附骨而生，無皮肉也，雄雌相眄則生產。南有鳥名鴛鴦，形似鴈，徘徊雲間，棲息高岫，足不踐地，生於石穴中，萬歲一交，則生雛，千歲銜毛學飛，以千萬爲羣，推其毛長者，高翥萬里，聖君之世，來入國郊。有浮筠之簳，葉靑莖紫，子大如珠，有靑鸞集其上，下有沙壢細如粉，柔風至，葉條翩翩，拂細沙如雲霧，仙者來觀而戲焉，火風竹葉，聲如鐘磬之音。

此國易尋之理由，卽在其『綴鳥毛以爲衣』一事。除去美洲及阿留特列島（Aléyoutes）不成問題之外，舊世界衣鳥皮者，惟有東亞千島列島之居民。此列島起伏日本北部至堪察加半島南端之間。一部居民爲蝦夷，一部居民爲與堪察加土人相類之原始人種。

史特萊（Steller）氏云：(Op. cit. p. 21, 23) 千島國後島有固希（Kouchi）土民，上衣鳥皮長袍，下不着袴，製袍之鳥皮，爲 procellaria glacialis 卽哈薩克所稱愚鳥（gloupichi）之皮。鳥大如河燕，常翺翔於千島，棲於巖上人所不到險峻之處。哈薩人名之曰愚鳥者，因其常落於過船之上也。千島國後島擇捉島之島民，弋取此鳥甚多，曬乾搾皮取油以燃燈，然後以其皮製衣帽袍服，此島人之常服也。

史特萊氏幷云曾於美洲附近及海峽無人島上，見此鳥滿佈海巖，其大者與最巨之鷲鵝相類（Steller, p. 185. Krachneninnikow, II, 267）。

予前於考證小人國文中，曾引證米耳尼（Milne）氏之說，據云：一八七八年時，彼在古守島（在幌筵島北），中見島民用鳥皮作衣，鳥羽向內，並以海狗皮飾其緣。

國後島缺飲水。史特萊氏云：(p. 23) 島中惟有泥汚之黃水，島民或者登山取水於巖凹之中。拾遺記所誌登高取水，或指此也。俄國之旅行家賓諾衣(Tchernoi)安梯賓(Antipin)鄂賓勒丁(Otcheredin)諸氏，皆以千島數島中缺乏飲水，惟雨水積瀦耳 (Pallas, Neue nordische beitrage, IV, p. 116)。

至若金銀寶石爲階，吾人頗難索解。千島之鑛產，尙未開闢，俄國移民，專爲有利之皮業，而不願耕地開鑛。（按古守島有金鑛。）千島之中，是否眞有金銀，水精，寶石，尙待考求也。

千島皆屬火山系，故有硫泉。烏什希利 (Usheshiri) 島之硫泉，島民奉爲神泉，可斷疑獄 (Pallas, IV, p. 127)。

拾遺記所載之大螺，俄國旅行家，並未述及此物，或爲人在堪察加發見之 chiton stellri 歟？大約五寸，螺中有一種名 natica 者，遺卵成堆，其外之涎泡堅硬，形似珊瑚 (H. Schlegel, Manuel de Eoologie, p. 403, 416)。

拾遺記所誌紅色之葭，明爲蕁麻，千島所產，婦女編爲席羅（鳥網。）鴻鵝疑卽 alca torda

及 arctica，此物溫禰古丹(Onnekotan)，希林基 (Shirinky)，依加爾馬 (Ikarma)，齊林古丹 (Tchirinkotan)，烏什希利 (Usheshiri) 諸島所產甚夥。其翅不甚發展，故不能飛。中國無此鳥，故以其羽翮附背而生。

記中所述之鴛鴦，或即千島所產之 anas spectabilis，而中國人誤以鴛鴦 (anas galericulata) 名之。

浮筠之幹蓋即俄國旅行家所見計吐夷島及得撫島所產有節之藺 (jonc articulé)，但不甚巨也。

至若青鸞，吾人實不能知其為何鳥。

記中所述之砂礫如粉，應是火山之灰。俄國旅行家曾記述加拉馬木古丹 (Kharamamukotan) 島，已滅之火山，山巔覆有『白沙』(Pallas, Neue nordische beitrage, V, p. 121)。

俄人史勒戈夫(Schelechof) 旅行鄂霍次克海至美洲途中，見戈亞克(Koyak)島之東南，砂土飛揚，有如煙柱。

前之考證，皆屬可能之範圍，是吾人以爲含明國應爲占守島，或千島中之別一島。綴鳥毛以爲衣，暨其他細事，可以實吾說也。

中國史乘中未詳諸國考證卷十七

吳明國考證

蘇鶚所著杜陽雜編，其間有記紀元七六三年至八七二年間外國貢使事，茲錄其記吳明國事一條於左。

貞元八年（紀元七九三年）吳明國貢常燃鼎，鸞蜂蜜。云其國去東海數萬里，經挹婁沃沮等國。其土宜五穀，珍玉尤多。禮樂仁義，無剽刦。人壽二百歲。俗尚神仙術，而一歲之內，乘雲控鶴者，往往有之。常望有黃氣如車蓋，知中國有土德王，遂願入貢焉。常燃鼎量容三斗，光潔類玉，其色純紫。每修飲饌，不熾火而俄傾自熟，香潔異於常等，久食之令人反老爲少，百疾不生。鸞蜂蜜云其蜂之聲，有如鸞鳳，而身被五彩，大者可重十餘斤。爲窠於深巖峻嶺間，大者占地二三畝。國人採其蜜不過二三合，如過度則有風雷之異。若誤螫人，則生瘡，以石上菖蒲根敷之則愈。其蜜色碧，常貯之於白玉椀，表裏瑩徹，如碧琉璃。久食之令人長壽，顏如童子，髮白者應時而黑，及沈痾眇跛諸僻惡之病，無不療焉。

據格致鏡原所引博物志云：諸遠方山郡僻處出蜜蠟。蜜蠟所著，皆絕巖石壁，非攀援所及。採者於山頂以籃輿自懸下，乃得之。蜂遂去不還。餘窠及蠟著石者，有鳥形小如雀，羣飛千數來啄之，比冬都盡，其處皆如磨洗。至春蜂皆還洗處結窠，如故。年年如此，初無錯亂者。人亦各佔其平處，謂之蠟塞。鳥謂之靈雀，捕之終不得。

此鳥不難知之，蓋食蜂鳥(merops apiaster)也。處亞洲北方全部，西比利亞之脫波斯克(Tobelsk)地方曾見有之。夫蜜蜂細腰蜂及虻之刺甚毒，小鳥被螫，大致多死，然此鳥食之無害。蜂窠受此鳥之害最大，南歐之養蜂家甚惡之。古時亞里士多德(Aristotle)，維爾紀耳(Virgile)等，亦曾警告養蜂家，應視蚚蜴燕及食蜂鳥爲危險之敵也。〔按巴斯基爾(Bashkires)地方蜂之大敵爲黑鵲(Picus martius)〕。

食蜂鳥頗美觀，其色褐黃頭後及頸後，其色褐栗腹色綠，喉部色蛋黃，下有黑綠，額色綠藍，喙根色白尾有長羽二此鳥具有五色一如中國神話中之鳳凰也。

巖蜜之色綠。據格物總論云：蜜蜂三種，一種在林木作房。一種在人家作窠，其蜂甚小微黃，蜜皆濃美（按卽 apis mellifera）。一種黑色似虻，作房巖崖高峻之處，非人跡可到。其蜜名石蜜，又名崖蜜。人以長竿刺出，多者至三四石，味醶色綠，比他蜜尤勝。蜂穴居者最大，一名蛄蠆，尾能螫人（格致鏡原卷九十六引。）

又據方言曰：其大而有蜜謂之壺蜂。卽今黑蜂，蓋亦釀蜜。楚辭所謂：赤蟻若象，玄蜂若壺者也。

又據正字通曰：胡蠭黑色，一名壺蠭，一名瓝甊蠭，一名玄瓠蠭，皆因形命名。

又據程大昌演繁露曰：崖蜜者，蜂之釀蜜，卽峻崖懸置其窠，使人不可攀取也。而人之用智者，伺其窠蜜成熟，用長竿繫木桶，度可相及，則以竿刺窠，窠破蜜注桶中，是名崖蜜也。

又據本草經云：崖蜜食之不飢，明目延年。

吾人現知西比利亞全部北緯五十五度以北，皆有釀蜜之蜂。巴斯基爾人(Bashkires)地方有蜂窠。吉利吉思人 (Kirghizes) 地方土蜂之蜜，獲利頗厚 (Anton von etzel und Hermann Wagner Reisen in den steppen und Hochgebirgen Siberiens, Vol. VII, p. 52)。

艾爾曼 (Erman) 云：彼在同母斯克 (Tomsk) 附近，遇官廳車運滿盛蜂蜜之長桶於搭拉 (Tara) 地方 (Erman, voyage en Sibérie)。艾氏未言蜜由何處釀來。所不可解者，中國著述家記述甚詳之崖蜜，旅行西比利亞之探險家，無一言及者也。

嘗考其故，或者此種探險家，經行太速，怱促之間，無暇觀察動物棲所，及彼等所搜集之植物。但蜂窠滿佈山崖，旅行者稍為注意，不難見也。

吾人希望未來之西比利亞旅行家，一爲注意此種蜂窠。鄂霍次克山北一帶，應有之也。據比林 (Billings) 氏云：此山之後，樹木叢生，兼有豐茂草原。既有草原，應有花卉，必有蜂釀蜜也 (Op. cit., I, 73)。

至蜂之色綠，吾人須知馬大加斯伽 (Madagascar) 島，法人所取 apis unicolor 之蜂蜜，亦爲綠色也。

常燃鼎之神奇，亦易解說。魔術家常爲此神奇也，置加亞克（gayac）油於瓶，又置一盎司（ounce）（量名，即一磅之十六分之一）有半之硝或強水化合之時，有聲旋見有光潤輕濕之體，昇於瓶上高尺許，或置丁子樹油及一盎司半之強水於瓶，效果亦同。

歐洲人昔日以硫酸與水攙合，使熱度高至百五十度時，用之以沸水。

用亞麻油四磅，煤油一磅，生石灰八磅，攙合成泥，以水澆之，即燃。

如上所述，鼎之自燃，不足異也。

吳明國使云：其土宜五穀，珍玉尤多。禮樂仁義，無剽刦，是頗與中國史書所誌之豆莫婁相類也。考北魏書豆莫婁傳，豆莫婁魏時（紀元三八六至五八二年）聞於中國。豆莫婁國在勿吉國北千里，去洛六千里，舊北扶餘也。在失韋之東，至於海，方二千里。其人土著，有宮室倉庫，多山陵廣澤。於東夷之域，最爲平敞。地宜五穀，不生五果。其人長大，性彊勇，謹厚，不寇抄。

西比利亞民族，大都遊牧盜寇之族，而此族之性特異。吳明國之名，雖爲中國史地專書所未載，其所在不難知之。

比林 (Billings) 氏云 (T. II, p. 227)：黑龍江附近海岸，及鄂霍次克海岸土地豐饒，氣候溫和，宜於衛生。其人民及朝鮮人民暨附近島民不多。然其款待過客及其稟性善良，有足多也。

珍玉尤多一語，尤足使吾人認定其地在西比利亞東部。米萊 (Müller) 氏云：西比利亞東方全部，寶石豐富，產有碧玉縞色瑪瑙等物 (Unter Tungusen und Jakuten, p. 274)。

韎鞨地方卽產寶石。華語卽以其地之名名之。格致鏡原云：韎鞨瑩徹若空而實堅重。

由是觀之，吾人雖未能決定吳明國之地理方位，其地似應在黑龍江之東北，鄂霍次克灣沿岸。

中國史乘中未詳諸國考證卷十八

三神山考證

中國人神話相傳，海外有仙島，其說多誕妄不經，即中國人亦認為恍忽窈冥；但吾人以為其說不盡無稽，此篇之作，即希望考究證明其說也。

第於考究之前，應先述中國歷代史書中所述之魔術家及神秘之事。

此輩或絕世離俗，棲隱山谷，尋求長生不死之藥；或遨遊世界，覓草煉丹。其心頗誠，故不憚冒險阻，涉遠道，其艱忍耐苦，與後之佛教僧徒經行之跡，可後先媲美也。此輩于遊歷中所得良方不少；又因與外國民族相接，所得秘術亦多。歸國之後，不特人民信仰，即皇帝貴人亦為慫動，即就其長生之法言之，亦頗合理也。茲舉其一事以明之。

博物志（卷五）云：『皇甫隆遇靑牛道士，姓封名君達，其餘養性法，卽可放用，大略云：體欲常少勞，無過虛，食去肥濃，節酸鹹，減思慮，捐喜怒，除馳逐，愼房室，春夏泄瀉，秋冬閉藏，詳別篇。武帝行之有效。』此種方法，雖今之衛生家亦不能言其非也。

博物志又云：『魏武帝好養性法，亦解方藥，招引四方之術士，如左元放、華佗之徒，無不畢至。』

此種術士，當時名曰方士。據博物志所錄魏王所集方士名，當時有上黨王眞、隴西封君達、甘陵甘始、魯女生、譙國華佗字元化、東郭延年、冷壽光、唐霅、河南卜式、張貂、汝南費長房、薊子訓、鮮奴辜、魏國軍吏河南趙聖卿、陽城郄儉字孟節、廬江左慈字元放。

右十六人，魏文帝、東阿王、仲長統所說，皆能斷穀不食，分形隱沒，出入不由門戶。左慈能變形幻人視聽，厭刻鬼魅，皆此類也。周禮所謂怪民，王制稱挾左道者也。（拾遺記卷五。）

廬江有左慈，陽城有郄儉，始能行氣導引，慈曉房中之術，善辟穀不食，悉號二百歲人。凡如此之徒，武帝皆集之於魏，不使遊散。甘始老而少容，曹子建密問其所行，始言本師姓韓字世雄，嘗與去此踰遠萬里，已不可行，不能得也。（拾遺記卷五。）

文帝典論曰：陳思王曹植辯道論云：世有吾王悉招至之，甘陵有甘始，廬江有左慈，陽城有郄儉，始能行氣，儉善辟穀，悉號三百歲人。自王與太子及余之兄弟咸以爲調笑，不全信之。然嘗試郄儉辟穀百日，猶與寢處行步起居，行步起居自若也。夫人不食七日則死，而儉乃能如是。左慈修房中之術，可以終命，然非有至情，莫能行也。甘始老而少容，自諸術士咸共歸之。王使郄孟節主領諸人。（拾遺記卷五。）

如前所舉諸條，西方術士加里鄂司特洛（Caliostro），蘇齊（Succhi）之流，在中國古代已早有其先進也。夫勞逸有常，飲食有節，必能益壽，嗜欲過度，勞動過多，憂思妄想，酒色饕餮，皆能殺身，事最顯明。

方士之流，不盡作僞，大都誠心以求靈藥，欲於養心寡欲之中，求長生不死之道，故多偶然發見有效方術，亦歐洲中世鍊藥者之流也。

此輩以海外有良方，不惜詢之於海上貿易之勇敢水手，而水手輩又皆不學無識之人，遂以中國所無遠道所有之動植鑛產告之方士輩乃冒險阻親往求之。吾人於考證泥離國一文中，已言紀元一九三年時，道士韓稚越海而來不久卽去，其例之最著者也。吾人藉方士所留存之記錄，得以知東海南海之種種發見。吾人對於此輩及佛教求法諸僧徒，切勿責備過深。若無其人，則中國海上商人貿易之地海外各國方位，出產，總而言之，一切地理知識，吾人無從知之。此輩有功學術，亦非淺鮮也。

吾人且亦不能揶揄中國方士也。歐洲中世紀時，曷常無求長生術之人。彭司 (Juan Ponce de Leon) 曾偕五船之人赴比米里 (Bimini) 島，求轉老還少之靈泉，今日尚有售弗洛利德水 (L'Eau de la Floride)，以供求媚老婦之駐顏者也。

中國亦不乏相類之靈泉。據中國書籍所誌：『南劍州天陷山有乳泉，飲之登山嶺如飛。』『負邱之山上有赤泉，飲之不老。神宮有英泉，飲之眠三百歲乃覺，不知死。』（見格致鏡原卷八。）亦斯類也。

方士中之最著名者爲徐市。秦始皇時（紀元前二四六至二〇九年）人。曾遊海中三神山，蓬萊，方丈，瀛洲，祖洲等島。此種島嶼，十洲記亦見著錄。當紀元二一九年時，秦始皇帝遣徐市發童男女數千人入海求僊人。據史記淮南王列傳，伍被所述曰：『昔秦使徐福入海求神異物，還爲僞辭曰：臣見海中大神言曰：汝西皇之使耶？臣答曰：然。汝何求？曰：願請延年益壽藥。神曰：汝秦之禮薄，得觀而不得取。即從臣東南至蓬萊山，見芝成宮闕，有使者銅色而龍形，光上照天。於是臣再拜問曰：宜何資以獻？海神曰：以令名男子若振女與百工之事，即得之矣。秦始皇帝大悅，遣振男女三千人，資之五穀種種百工而行。』則徐市被遣，不止一次矣。但據吾人之考索，此次徐市未至蓬萊，爲風所吹，漂至南海，或者殖民於斐利濱(Philippines)島北部。此事予別論之，茲不具述。

徐市求仙事，日本史書亦有記載。據日本歷代年契所引大日本史曰：日本朝通鑑，載七十二年(孝靈天皇時，紀元前二一九年。)秦人徐福來。按神皇正統記曰：秦始皇好仙，求長生不死之藥於日本。日本求五帝三王書，始皇贈之。

前引之記載，日本記未見著錄，頗可疑也。然故事相傳已久，爲正史所不載者，常有之矣。

日本所立徐市之祠，今尚甚多，其一在富士山(日本人以此山即蓬萊，此山一名不死山，爲駿河國最高之山。）下；一在紀伊國之熊野；一在尾張國之熱田。此外各地尚有之也。

此問題容後研究之。茲先述中國書籍所記三神山事。考拾遺記，三壺海中三山也。一曰方壺，卽方丈；二曰蓬壺，卽蓬萊；三曰瀛壺，卽瀛洲。此三山形如壺。蓬萊亦名防丘，一名雲來；方丈一名巒稚；瀛洲亦名魂洲，亦名環洲。

山形似壺，必爲火山。火山有噴火口（cratère）。考西文噴火口一字，出於希臘文之crater，義卽壺也。則三壺可以名之曰三火山，是爲諸島中之主要者。此外尚有二島，吾人茲就此五島分別考之。

瀛洲

考十洲記，『瀛洲在東海中，地方四千里，大抵是對會稽，去西岸七十萬里。上生神芝仙草。又有玉石，高且千丈。出泉如酒，味甘，名之爲玉醴泉，飲之數升輒醉，令人長生。洲上多仙家，風俗似吳人，山川如中國也。』

會稽爲秦唐間（紀元前二五五至紀元後九〇七年）一郡之名，略當今之浙江全部，江蘇南部，福建北部，在北緯三十二度二十六度之間。

會稽之一部昔爲吳國，孔子時領有浙江北部江蘇南部。三世紀時領有福建之一部，及東方各省之大半部分。

吾人前在日本語言學雜錄 (Desultory Notes on Japanese Lexicography)（通報四册一七四頁）一文中，述及昔日中國勇往直前之水手，（其間以廈門水手爲最）早應與日本通貿易，並首先輸入中國語言，此即日本語中吳音之所本也。此種通商之人，應在日本沿海各地，建立商店，其初爲臨時的，繼爲永久的，此亦中國人之所常爲者也。當其作此種冒險旅行之時，幷未攜帶婦女，遂與土人婣媾，久之子女繁殖，殖民增多。但其後人尚保有舊日風俗習慣，此亦今日爪哇中國殖民之風也。其人雖居留三世紀之久，而其國風不變。

如前所述，十洲記所謂風俗似吳人，山川如中國，當亦事之所必然。至若仙家云者，當指絕世離俗山居之隱者而言。考釋名訓其義云僊，遷也，遷入山也。洲上多仙家，應是洲上多隱者。

玉泉長生之說，蓋根據酒能強生之義。荷蘭對於苦酒 (bitter)，其廣告中亦言飲之能益壽，與中國所謂以松花酒飲老人益壽（見原化記）菖蒲酒，桃花酒，飲之而神氣清爽，（見白孔六帖）心理皆同也。

至醴泉所賦之效用亦同。考廣韻：『醴泉，美泉也，狀如醴酒，可養老。』又據瑞應圖云：『醴泉水之精也，味甘如醴，泉出流所及，草水皆茂。』而抱朴子更進而神其說曰：『崑崙及蓬萊，其上鳥獸飲玉泉，皆長生不死。』

中國書籍所誌醴泉之神異，尚不止此，茲再引其數則。法苑珠林云：『泰山之東有醴泉，其形如井，本體是石也。欲取飲者，皆洗心跪而挹之，則泉出如流，多少足用。若或汚慢，則泉縮焉。蓋神明之異常者也。』又據錦繡萬花谷云：『南昌國有酒山，山有泉，其味如酒，飲之甚美，醉經月不醒。』至山泉之味，與最據太平清話云：『山頂泉輕而清，山下泉清而重，石中泉清而甘，沙中泉清而冽，土中泉清而厚。』

吾人更據前述推測十洲記所誌，蓬萊之玉醴泉，蓋指日本饒有之溫泉而言也。其與中國相對之處，肥前國中島原半島之上，即有溫泉嶽。嶽高三千八百尺。據前日本政府官醫米得伏爾特

(Pompe van Meerdervoort) 氏所述其地之泉水云：(Vijf jaren in Japan, Leiden, 1867, Vol. I, p. 329) 温泉嶽之南有小地嶽泉，在海平面一千七百尺上。其温度爲攝氏表一百度。其北有大地嶽，亦高一千七百尺，温泉較大。温泉嶽下有小濱地嶽，泉最小。其爲日本人所常浴之泉，爲 Ouresino 之温泉，其泉在三阪嶺 (Sansakatôge) 下。掘坎以貯泉水，其水清而味甘，有硫味，温度爲攝氏表九十六度，特量比重爲〇・九九八，含有硫酸鹽及輕鹽，人以之治癬疥及淫氣病，病人赴之者以千萬計。Tsouka-saki-tsi-gok 泉在武雄山下，與前述温泉，完全相似，但温度不過四十六度。肥前藩主於是處建有浴所。九州島中温泉在百數以上。肥後國甚多，有七葉樹泉，水最清，無氣味。有地嶽泉，有 Taruki-tama-gok 泉，其水飲之可治衰弱，貧血，不孕，精神病等疾。『按肥前肥後應作熚前熚後，以明其在火山附近，日人用漢字往往祇取其偕音而不問其義，此其一端也。

如前所釋，中國之記述，不盡渺茫無稽也。特研究中學之人，譯述過於拘泥文義耳。現應解說者，祇神芝仙草。考爾雅邢疏：『芝草一名菌，一名芝』爲菌(fungus)之一種。中國人別芝爲數種，其一爲靈芝。希波神甫(Cibot)於其關於中國人之記錄一書中，名之曰 agaric ramifié，（威耳司威廉謂其卽 polyporus igniarus）。其莖如普通之菌，所異者其莖歧出至二三四五莖，皆有沛，其形不同，然皆上凹而下凸，至其分莖之理，據希波所說，第一莖生沛後，第一冬卽乾，其液不能升至沛，遂旁穿莖之尙青處而出，別生一沛，如是以至二三，故中國人以莖之多寡別芝之年齡。顧靈芝爲木質，摘採之後，其形不變，古中國人遂以其爲不死之徵，如昔日西方之名麥蕘草(immortelles)爲不死草，同一理也。

考古今注：章帝元和二年（紀元八五年），芝生沛，如人冠，又生章武，如人抱三子狀。

神農本草經云：青芝生泰山，赤芝生衡山，黃芝生嵩山，白芝生華山，黑芝生常山，皆久食輕身，延年不老。

博物志云：名山生神芝不死之草，上芝爲車馬形，中芝爲人形，下芝爲六畜形。

中國人所述芝類，更有肉芝一種，食之可以成仙。據神仙感遇傳，蕭靜之掘地得物類人手，肥潤而白，烹食之，踰月髮再生，貌少力壯。遇道士曰：所食者肉芝也，壽等龜鶴矣。此物或卽黑色白色蕨之一種，其物狀如人手，可在呂白蘭 (Rübeland) 地方掘取之。鄉民名其白者爲神手 (gotteshand) 黑者爲鬼手 (teufelshand) 人亦名之曰約翰手 (johanneshand)。

拾遺記所述瀛洲事較詳。據云：瀛洲一名魂洲，亦名環洲。東有淵洞，有魚長千丈，色斑，鼻端有角，時鼓舞羣戲。遠望水間有五色雲，就視乃此魚噴水爲雲，如慶雲之麗，無以加也。有樹名影木，日中視之如列星，萬歲一實，實如瓜，青皮黑瓤，食之骨輕。上如華蓋，羣仙以避風雨。有金巒之觀，飾以衆環，直上千雲中。有青瑤瓦，覆以雲紈之素，刻碧玉爲倒龍之狀，懸火精爲日，刻黑玉爲鳥，以水精爲月，青瑤爲蟾兔，於地下爲機棙，以測昏明，不虧弦望。時時有香風泠然而至，張袖受之，則歷年不歇。有獸名嗅石，其狀如麒麟，不食生卉，不飲濁水，嗅石則知有金玉，吹石則開，金沙寶璞，粲然而可用。有草名芸苗，狀如菖蒲，食葉則醉，餌根則醒。有鳥如鳳，身紺翼丹，名曰藏珠，每鳴翔而吐珠累斛，仙人常以其珠飾仙裳，蓋輕而耀於日月也。

拾遺記所誌之巨魚不難知之，蓋卽獨角鯨 (monodon monoceros) 也，其角乃其長牙，長五尺至八尺。其幼小者，背黑灰色，有不齊暗斑，腹白色，斑尤顯。壯老者，背暗黃色，有近圓形之黑灰色斑紋。游泳中結羣八頭至二十頭。鼻管聯合爲一半圓形之管，位於眼上，水卽由此處噴出。中國人名此物爲落斯馬，不知何所取義。日本人名之曰 shachi-hoko，希伯倫（Hepburn）氏釋之曰，魚名也。其漢名曰鯱（按此字漢字所無）。鉡吾人考荷人郭赫（van Goch）所得英人沙耳門（Salmon）一七三六年刊現代史日本條記有云：其海中有魚長五六尋，有二長牙直露口外，名 satsifoko，爲鯨魚之死敵。按 satsifoko 和文爲サチホコ，卽希伯倫之 shachi-hoko，和文之シヤホコ也，［按謝波德（von Siebold）氏誤以此物爲天牛魚（kamikiri），其實非是。考南越志天牛魚方圓三丈，眼大如斗，口在脅中，露齒無脣，兩肉角如臂，兩翼長六尺，尾長五尺。］

日本沿岸除獨角鯨外，鯨類尚多，計有八種：海猪（dauphins）四種，鯨屬（baleines）三種，大頭鯨（cachalot）一種。大頭鯨一名眞甲鯨，長六七丈，游泳時結羣至五六百頭，其噴水，一海里 lieue（約十華里）之遠，可以見之。

謝波德（von Siebold）云：捕鯨之業，在平戶島沿岸，獲利頗厚。是亦斯地藩主重要收入之

一種也 (F. Steger et H. Wagner, die Nipponfahrer, p. 294)。

顯平戶島卽在肥前沿岸，五島之北，九洲之西北，約當北緯三十三度之間，亦卽瀛洲所在之地。

拾遺記所誌，實如爪，靑皮黑瓤之影木，語焉不詳，頗難知爲何樹。然以意揣之，或卽橙 (citrus daidai) 也。下節吾人硏究日本之廟觀，以尋拾遺記所謂金塔之觀。

吾人皆知日本信仰神道，有神道教。其太陽之神爲天照大神。其最古之廟，立以祀大神者，爲五十鈴廟（今名內宮宮）時在紀元五年。時廟在日本東岸琵琶湖之東，伊勢國內。

據和年契云：崇神天皇二十五年春三月，勅使倭姬代豐鍬入姬，奉齋天照大神。倭姬奉天照大神，立祠於伊勢，建齋宮於五十鈴川上。二十六年冬十月，遷天照大神宮於渡遇，以大鹿島爲祭主，以大幡主爲大神主。

此種廟觀之中，不特祀太陽，且祀其弟太陰，以寶鏡代表二神 (Nippon Archiv, V. v, 9)。

謝波德及其他著者所誌神道教之廟觀，缺點太多。日本史書亦述焉不詳，茲爲詳述於下。

古時大神宮之主室，其環頂最高上畾雲霄，（可與拾遺記飾以乘環直上於雲中語參照），頗類暹羅式之塔。

其中有壺，以布帛覆之，卽盛曲玉之勾玉壺。據日本故事相傳，昔天照大神使皇孫瓊瓊杵尊，降居葦原中國而爲之主，賜以八版瓊曲玉八咫鏡草薙劍三種傳國重器。曲玉爲半環形，以寶石或金銀爲之。一七九七年時，肥後國熊本地方，曾掘出石匣，中有壺甚大，壺盛曲玉五管玉五；相類之壺，亦曾於陸奥國中掘出。

又懸有火精一枚，類鳥之寶石一枚，用以代表太陽。此物中國名曰畢方，白澤圖所謂：「火之精曰畢方，狀如鳥，一足長尾」者是也。據淮南子云「積陽之熱生火，火氣之精者爲日，故陽燧見日則然而爲火」。至日中之鳥，中國名曰金烏。

廟中又有玉兔一枚，玉蟾一枚，以靑玉爲之，此爲月中之二物。予已在拙著之中國天文志中說明，玆不贅述。

至若代表日月之寶鏡，今神道廟觀中尚存。

又有水精，代表大陰。紀元二百年時，神功皇后西征新羅，曾攜與俱，并攜有日月戰旗。

廟門有二神獸，名曰駒犬，最古之廟，尚有足踏水精球之獅類。

拾遺記所誌以測昏明不虧弦望之法，即謝波德氏日本文庫中所誌之月，若此物在高厚蒙求一，書言之詳矣。

日本熱季有清風，人已知之熟矣。若日間此風不自南來，夜間此風不自東來，其熱將不可耐(Das Kaiserrech Japan, Karlsruhe, p. 24)。日本人之張袖受之，用以解涼，亦事之所必然，無庸吾人瑣屑言之矣。

拾遺記所誌之嗅石，并非神獸，實乃日本鹿 (cervus sika) 也。其角直，有橫枝四，二枝高而前向，第三枝小而後向，一如中國神話之麒麟。

至若狀如菖蒲 (acorus gramineus) 之芸苗，或即日本人所食之 caladium esculentum，與菖蒲同隸天南星科。

中國人以爲菖蒲放花，人食之延年（見風俗通）。方士安期生以爲食菖蒲壽至千歲。安期賣藥於海邊，秦始皇請與語，三日三夜。安期留書曰：求我於蓬萊山。始皇始遣徐福盧生輩入海求之。

拾遺記所述藏珠，疑即山雉之一種。

日本此種神道廟觀，實爲地上之小天堂，建於位置相宜之處。長崎附近，丘岬之上，廟觀不下五六十所。階級行列，兩旁蔭以樹木，自廟門至山足，甚美觀也。附近植有杜鵑、山茶、芍藥、百合、蘭草。入門時，即見叢生之南天竹及桃葉珊瑚，長枝之衛矛(celastrus alatus)美麗之梔子(gardenia florida)及紫薇(lagerstroemia indica)。常植松樹，相傳有爲神所栽植者。有廟觀以鶯多著名者，其他有畜各色鴝雉及其他鳥類者。山腹之上，常有園林，其中有瀑泉歌鳥，及野生禽畜。彼求長生術之方士輩，見此勝境，有不印感者耶！是其所述隱者或仙人所居之壯麗，亦無足異。即我輩今日登臨，亦驚喜流連而不忍去也。

方丈

拾遺記云：方丈之山，一名巒雉。東方龍場，地方千里，玉瑤爲林，雲色皆紫。有龍皮骨如山阜，散百頃，遇其蜕骨之時，如生龍，或云龍常鬬此處，膏血如水流，膏色黑者著草木及諸物如淯漆也，膏色紫先著地凝堅可爲寶器。燕昭王二年海人乘霞舟以雕壺盛數斗膏，以獻昭王。王坐通雲之臺，亦曰通霞臺，以龍膏爲燈光耀百里煙色丹紫國人望之咸言瑞光世人遙拜之。燈以火浣布爲纏。山西有照石去石十里，視人物之影如鏡焉碎石片片皆能照人而質方一丈則重一兩。昭王舂此石爲泥，泥通霞之臺與西王母常遊居此臺上，常有衆鸞鳳鼓舞，如琴瑟和鳴，神光昭耀，如日月之出。臺左右種恆春之樹，葉如蓮花，芬芳如桂花，隨四時之色。昭王之末，仙人貢焉，列國咸賀。王曰，寡人得恆春矣，何憂太清不至。恆春一名沈生，如今之沈香也。有草名濡軒，葉色如紺，莖色如漆，細軟可縈，海人織以爲席薦，卷之不盈一手，舒之則列坐方國之賓。莎蘿爲經。莎蘿草細大如髮，一莖百尋，柔軟香滑，羣仙以爲龍骨之瓣。有池方百里，水淺可涉，泥色若金而味辛，以泥爲器，可作舟矣。百鍊可爲金色，青照鬼魅，猶如石鏡，魑魅不能藏形矣。

考方丈之名，或爲放杖之簡稱。按格致鏡原引花木考云：『放杖木生溫括睦婺山中，樹如木天蓼，老人浸酒服之，一月放杖，故以爲名。』方丈原義，或指此也。

拾遺記所誌初讀之覺其怪誕無稽，細察之實平凡無異。其前半蓋述中國當時尚未輸入之鯨油及捕鯨之島，吾人祇以鯨字易龍字，幕障即開，意義自明也。茲舉一事以例之，如 ambregris 爲大頭鯨 (physeter macrocephalus) 之病理的結石，中國人名之爲龍涎香，日本名之曰鯨油或鯨糞。

中國人亦呼海狗爲水烏龍，鱘魚爲鱘龍魚，皆爲龍字通用之證。是拾遺記之龍，亦可作鯨字解也。茲再舉謝波德氏所述今日日本人捕鯨之法，與拾遺記所記對證之。據云：捕鯨之業以在平戶島、五島、松島、壹岐島等處獲利較多。以上諸島約在北緯三十一度至三十四度，東經一二八度至一三〇度之間。捕鯨之時，以在十二月至四月初間爲最相宜。其間有數種鯨屬，其最爲漁者所歡迎，而其肉味佳者，莫逾南極鯨 (balaena antarctica)。日本捕鯨之法與吾人不同。吾人捕鯨用大舟裁割肉熬油之必需器具；日本人捕鯨則用大舟二十五，小舟八。其小舟名曰鯨船，長約七公尺至十一公尺，具八櫂，漁者十一人至十三人。此舟專爲捕鯨之用。漁人一見鯨魚，即投其銛。大舟則戴大網，以網束受傷之鯨，或以大舟阻鯨之歸路。其網大致以稻草結繩爲之，有時亦用棕櫚

(chamaerops excelsa)，深有三十八公尺十八分，長約三百公尺，祇一網已足供一舟之荷載。鯨既捕得，即用網引之至最近之漁村，臠割其肉及其他可食之部分，售之於人，轉販日本各港。其不能食之部分以及不可食之海豚，則熬取其油，其光較蕓薹為明也(Nippon Archiv.)。第謝氏未言其骸作何用也。吾人知今日日本人磨之成粉，以為肥料。

鯨骨甚大，故拾遺記云：有龍皮骨如山阜，散百頃，吾人應注意者，著者如言龍，似應言鱗，不應言皮，其言皮者，可見其非龍也。

日本人既以鯨油之光較蕓薹油為明，故多捨彼而取此。燕昭王之以龍膏為燈，燈以火浣布(石綿)為纏，亦同一理由也。

至中國識鯨之後，始知鯨膏之用。木玄虛海賦云：鯨……流膏為淵。是其證也。

中國人之記述言鯨者甚夥，茲引其數則。格致鏡原引魏武四時食制云：東海有大魚如山，長五六里，謂之鯨鯢。次有如屋者，時死岸上，膏流九頃。其鬚長一丈，廣三尺，厚六寸，瞳子如三升椀。述異記云：南海有明珠，即鯨魚目瞳，可以鑒俗，謂之夜光。金樓子云：鯨鯢出穴，則水溢為潮。爾雅翼云：

鰌魚長數千里，穴居海底，入穴則海水爲潮，出穴則潮水退，出入有節，故潮水有期。陶宗儀元氏掖庭記云：油有……腽肭臍油。

中國人從未捕鯨。鯨有時擱淺於中國海岸。據赤城志云：海鰍淳熙五年（紀元一一七八年）八月出於寧海縣鐵場港。乘潮而上，形長十餘丈，皮黑如牛，揚鬐鼓鬣，噴水至半空，皆成煙霧，人疑其龍也。閣泥中不能動，但睛喈喈然視也。兩日死，識者呼爲海鰍（大頭鯨），爭斧其肉，煎爲油，以其脊骨作臼。

據前引之事，可見中國人以鯨爲龍，識者始認爲大頭鯨也。

崔豹古今注云：「鯨魚一生數萬子，常以五六月就岸邊生子，至七月八月引其子入海中。」其實鯨魚大致一胎祇生二子，此書言其多者，或因鯨羣聚而產子，遂以一鯨可生多子。

前述之龍涎香，昔日歐洲售價奇昂，中國今日價亦甚巨。

若人尚有疑方丈非日本之一島者，考莎蘿一物，可以釋其惑矣。莎蘿蓋爲譯音，中國原無此複合字也。日本人取鯨之網有用 chamaerops excelsa 爲之者。此物日本人名爲シュロ，即漢名欆櫚之音，顧布內側斯德 (Bretschneider) 氏考定欆櫚爲 chamaerops fortuni 與日本之 chamaerops excelsa 同爲一類或卽一物。(Botanicon Sinicum) 格物總論曰：欆櫚皮可爲索也。中國水手不識植物，直譯其音名曰莎羅。

中國手水不識，然吾人識之，并確能指明其出產地。此物卽爲肥前之土產；肥前國卽吾人位置此種神山之處也。若與十洲記所誌對照，觀其所述丈人宮主（日本寺觀之長名曰宮守）領天下水神及龍蛇『巨鯨』陰精水獸之輩等語，可以知日本捕鯨之所，卽神洲所在之地。

日本人在同一處所取珠，該處兼產中國人所稱之琅玕樹，卽珊瑚之屬也。唐詩合解注杜甫詩云：珊瑚樹生漲海中石上，…… 國人舉鐵網取之。此處既產如許珍物，當然有金玉琉璃之宮之擬想矣。

中國人名滑石及透明石膏爲照石、石鏡或月鏡，亦與吾人同也。照石卽滑石，透明而不可燃燒，生石灰質石中，作片剝狀，爲雲母之結石，其內容有矽石苦土等質。透明石膏爲硫酸鈣所搆成。俗稱爲莫斯科玻璃。德國人名曰聖母鏡，或馬利鏡，因其上飾有聖貞女之像也。古希臘人名石膏爲月石，其質甚輕則與拾遺記所誌甚合也。

此物中國早已識之。拾遺記（卷三）云：周靈王時（紀元前五四九年），異方貢石鏡，此石色白如月，照面如雪，謂之月鏡。又潯陽記云：石鏡在山東有一團石，懸崖明淨照人。中國此物之今名爲雲母，別名曰磷（玉篇）。

拾遺記所述之恆春之樹，頗難決定爲何種植物。據云芬芳如桂花（cassier）。桂花固亦一長青之樹也（爾雅郭注：木桂枝葉冬夏常青）。顧中國人對於桂之本質，未能確定。格致叢話云：『桂梫木也，一名木犀 (osmanthus ou olea fragrans)，一名巖桂，有白黃紅諸色。』學齋佔筆云：『或言花中唯巖桂四出』。據甘費（Kaempfer）氏之考證，木犀洵四瓣也。五雜俎云：『閩中桂嘗以七月開花，至四月而止，五六月長芽之候，芽成葉則復花矣。』據此則燕昭王所種恆春之樹，或爲木犀，此花亦名七里香，亦可證其芬芳矣。

但又據拾遺記云：此樹亦名沈生，如今之沉香 (aquilaire) 也。沉香之樹名，南越誌云：『櫁，香木也。交州有蜜香樹，欲取先斷其根，經年後，外皮朽爛，木心與節堅黑，沉水者爲沉香 (aignum aloès），浮水面平者爲雞骨』此樹日本亦有之名深山樒形類莽草（illicium religiosum），其花四瓣，其實如伏牛（Berberis）花實。

拾遺記云：有草名濡𦮼。（以和音讀之音如シエカン）海人織以爲席吾人爲此植物曾函詢阿斯吞（Aston）覺西（Diosy）二君，彼等曾轉詢之於謝波德（von Siebold）男爵日本倫敦領事林董（Hayashi）及悲寧翰（Cunningham）諸君，然未獲有滿足之結論。予以爲此席卽爲日本人所稱之 suge 所織。悲寧翰君云：彼曾於備後國中見有輕細之席。此 suge 漢文爲菅，予在日本某彙編中見有菅茅之圖，及其定義云『白茅也。茅名茅針，又名荑根名茹根，地筋。』此定義，中國著述亦足證之。布內側耐德（Bretschneider）氏云：茅根色白長細如筋。路萊洛君云：此物卽中國南方之 saccharum spicatum（茅根，）今名 perotis latifolia，（茅根，）卽菅也。據山海經云：白菅爲席，又云：皃林之山，其中多蕑草。陸機疏云：菅似茅可作索。山海經郭璞傳云：蕑亦菅字，菅卽茅也。則此三名，蓋指一物。前引日本某彙編又云：菅茅黃花者名蒯，亦可織席爲索。昔日中國人見此輕軟之席，詢知爲茹根或柔蕑所織，乃譯其音而爲濡𦮼。至所謂卷之不盈一手，舒之則列坐方國之賓二語，恐係故甚其詞。此種言過其實之記載，中國著述中不乏其例。據清異錄所述：「顯德中（紀元九五四至九六〇年）中書堂起紋秋之席，色如葡萄紫而柔薄類錦，疊之可置研函中。」云云，亦斯類也。

第勿論濕紵之爲何物，必爲日本所產纖維織物之一種。其質細軟可織爲席，必無疑也。日本細席之出產地在肥前國，即吾人位置諸神山之地也。肥前并以陶器著名。所製最著名之物爲水缸。則拾遺記所誌泥色若金而味辛以泥爲器之說，又甚相合矣。

蓬萊仙

考十洲記云：蓬丘，蓬萊山是也。對東海之東北岸，周迴五千里。外別有圓海繞山，圓海水正黑，而謂之冥海也。無風而洪波百丈，不可得往來。上有九老丈人九天眞玉宮，蓋太上眞人所居，唯飛仙有能到其處耳。

蓬萊山日本亦有此傳說。十世紀時所編之竹取物語一書，已誌有蓬萊山名。此書已爲狄更司（Victor Dickins）氏全譯，刊載於王家亞洲協會雜誌中（第十七册，一八八七年刊。）

據竹取物語所述，有竹取翁於竹中得嬰兒，養爲己女，名之曰伽古亞。長成後，頗豔麗，人皆憐愛，爭欲娶以爲婦。女欲擇一忠義勇敢之人爲婿，乃提出婚姻條件，限有人取得印度佛陀之石鉢，蓬萊(Horai)山玉樹之玉枝，唐土火鼠之皮，龍頭虹色寶玉及海上燕子銜來之貝(cauri)諸物，則嫁之。有庫拉莫希王者，僞云願赴蓬萊求玉枝，其實隱赴宮古地方，倩玉工以寶石製一玉枝歸而獻之。但未償玉工之價，玉工索償於伽古亞，其事乃白。庫拉莫希王言其虛搆之旅行頗詳。據其所述，經過無數海險，由蓬萊歸航，四百日始達。斯事固屬僞託之言，亦可見日本人對於蓬萊山之觀念矣。

吾人暫時固未能決定此山或島之方位，然其應爲日本群島之一，可斷言也。吾人卽就『無風而洪波百丈』一語求之，此種現象爲海底地震之結果，日本諸海中常見有之。當一八五三年十二月二十三日地震之時，下田灣中平日水深三十尺，一時乾竭，忽有如山之波浪潮湧而至，海舟湧至岸，灘城市半爲所毀。此種現象續見五次，淹斃數萬人。俄國軍艦的亞那(Diana)正泊港中，水涸時可見其錨，浪高時湧於如山之浪頂，半小時間旋轉者四十三次。又當一八九一年十月時，希司帛哲司（Hesperus）舟在日本至舊金山（San Francisco）途中，距日本海岸約十五海里（Lieues），忽聞巨聲，舟爲傾側，旋爲各方湧來之巨浪所淹沒。此種大浪或即十洲記中所述無風百丈之洪波也。

吾人尙有言者，十洲記所述面積之小距離之遠，蓋爲方士輩之故意張大其詞，彼等欲專有其取不死藥之秘密，而不欲他人赴其地，但據吾人之確信，此種神山應爲日本諸島。

至方士輩何以必赴日本求不死藥之理，亦易解說。蓋日本人壽命頗長也。後漢書云：『多壽考，至百餘歲者甚衆』。魏志云：『其人壽考，或百年或八九十年』。甘費（Kaempfer）氏所誌，一家之中，有父子孫曾皆存者。日本人之長壽，諸旅行家皆有證明也（Das Kaiserrech Japan, p. 75）。西班牙之舊旅行家頗美日本諸島之宜衞生，其土地之饒景物之勝，猶其餘事也彼等以爲日本人長壽之原因，在其潔淨及其節制飲食。

茲將其他中國著述所誌蓬萊之事，錄之於後，用殿此文。

山海經所述最簡，據云：『蓬萊山在海中』。一文雖簡，若證以前述之事，意義自明也。

又據山海經海內北經所誌蓋國一條，亦可互相引證。據云：『海內西北陬以東者，蓋國在鉅燕南，倭北，倭屬燕。』又云：『列姑射在海河洲中。』又云：『姑射國在海中，屬列姑射，西南山環之，大蟹在海中。』注云：『蓋千里之蟹也。』又據汲冢周書王會篇云：『海陽大蟹。』孔晁注云：『海水之陽，一蟹盈車。』此大蟹，史特萊（Steller）氏曾發見之。據云：一螯可飽餓人廿數。氏於其日本誌中繪有圖說。謝波德氏於日本東岸曾見其一，定名曰 inachus kaempferi。有人曾於堪察加之阿盧脫拉（Alutora）灣及北海道沿岸見有之，其長可八尺至一丈。謝波德氏所見爲最大者，卽其螯已長四尺，蝦夷人名之曰 mouri-kana，日本人名之曰高足蟹。此蟹之色黃而近紅，前部有紅斑。中國人亦認識此物，特所誌過於龐大耳。據立中記云：『有北海之蟹焉，舉一螯能加於山，身故在水中。』蟹論云：『蝤蛑乃蟹之巨者，兩螯大而有細毛如苔，八足亦皆有微毛。』續博物志云：『蝤蛑似蟹而大，大有力，能與虎鬭，螯能剪殺人。』五雜俎云：『蝤蛑大者如斗，俗名曰蟳。』

海內北經又云：『陵魚人面手足，魚身，在海中。（一本作居土穴中，性好食蟻。著者以爲卽是

Manis)。大鰒居海中。』注云：『鰒卽魴也。』又云：『明組邑居海中。』『蓬萊山在海中。』注云：『上有仙人宮室皆以金玉爲之，鳥獸盡白，望之如雲，在勃海中也。』此外尚有列子所誌夏革所語蓬萊之事，荒誕無稽，不足述也。倘有數種解釋蓬萊之別說，亦爲列舉於左。

史記封禪書云：『自威宣燕昭使人入海，求蓬萊方丈瀛洲此三神山者，其傳在渤海中，去人不遠。』諸家注釋云：『按蓬萊山卽浮來山也，在漢之東莞縣。』又春秋傳有浮來杜預曰：『邳來山之間號曰邳來郡。』國志曰『公來山或曰古浮來，公蓬邳浮皆聲相近，其地近海，故曰海中也。』

右述蓬萊之別說，皆牽強附會，不足論也。吾人以爲應求蓬萊於日本證以拾遺記（卷十）所記：『蓬萊山之東有鬱夷國，…… 其西有含明之國。』等語，似更應求蓬萊於日本之北。

祖洲

十洲記云：祖洲近在東海中，地方五百里，去西岸七萬里。上有不死之草，草形如菰（hydro-pyrum latifolium），苗長三四尺，人已死三日者，以草覆之，皆當時活也。服之令人長生。昔秦始皇大苑中多枉死者，橫道有鳥如烏狀，啣此草覆死人面，當時起坐而自活也。有司聞奏，秦始皇遣使者齎草以問北郭鬼谷先生。鬼谷先生云：此草是東海祖洲上有不死之草，生瓊田中，或名爲養神芝。其葉似菰，苗叢生，一株可活一人。始皇於是慨然言曰：可採得否。乃使使者徐福發童男童女五百人，率攝樓船等入海尋祖洲，不返。福道士也，字君房，後亦得道也。

據布內側斯德（Bretschneider）之考究，菰即 hydropyrum latifolium。中國所產之草，其莖名曰茭白，可以作蔬。美洲有一種名曰胡菰（hydropyrum esculenta），美洲土人食之，名曰加拿大米。日本人亦食此物，其名爲眞菰（makoma）。據謝波德（von Siebold）氏云：此物屬禾本科，因其有粉可食，美濃九州一帶多種之。但據十洲記，此物似菰，爲芝之一種。古之祖洲，吾人以爲即日本之 Tsou-shima。中國人稱爲都斯麻，或對海國，或對馬島者，是也。

據張伯崙教授所述，對馬二音之義，蝦夷古訓爲遠。中國譯其音，日本人又據漢字譯爲和音，遂成 Tsou-shima。中國人又轉譯其音爲都斯馬。蓋 Tsou 之日本古音如都，顧斯馬即日本島字之音，中國之旅行家，乃省斯馬而取其今之首音之 Tsou，而爲祖洲，皆音譯也。

日本人譯漢之法甚劣。例如日本古名之一爲秋津島，其和音爲 Aki-tsou-shima 。希伯倫(Hepburn)氏以其地形如蜻蜓，故有此譯音。然則其誤更甚。蜻蜓和音爲 Tombo，中國別名亦卒，然則應譯作 Akesotsu，不應作 Aki-tsou 也。

茲應附帶聲述者，對馬島產人參，即中國人認爲治百病有神效之植物也。

對馬島爲中日航行必經之路。大業二年（紀元六〇八年），裴世清使倭國，所記經行之路程云：度百濟行至竹島（Takesima），南望耽羅國濟州島（Quelpaert），經都斯麻國，又東至一支國（壹岐島）又東至秦王國。

日本至高麗亦須經由此島，三才圖會云：其西北至高麗也，必由對馬島開洋。

生洲

十洲記云：生洲在東海丑寅之間，接蓬萊十七萬里，地方二千五百里，去西岸二十三萬里。上有仙家數萬，天氣安和，芝草常生，地無寒暑，安養萬物，亦多山川，仙草衆芝，一洲之水味如飴酪，至良洲者也。

洲以生名，其地必產長生之物。是以雲笈七籤云：海外蓬萊閬苑，有五嶽靈山，一曰廣乘之山，天之東嶽也，在東海之中，爲發生之首，上有碧霞之闕，瓊樹之林，紫雀翠鸞，碧藕白橘。

總而言之，紀元二世紀時，中國人之視日本，一如後之西班牙之望金穴(Eldorado)，視若天氣清和，有神木靈泉，可使幼者轉強，老者轉少之地上天堂也。

吾人記得某水手之故事，可以喻此也。水手自查邁加(Jamaique)歸來，告其母曰：其地有糖山，砂糖酒(rhum)河，及飛魚。其母初頗信其前二妄言爲眞，蓋糖與砂糖酒洵自彼間來也。至若唯一眞事之飛魚，則不信有此物，而責其子之謔。諺有云：遠來者任妄言之。不特可施之吾人，亦可施之中國，特其妄言之中，尚可見有眞理耳。

中國史乘中未詳諸國考證卷十九

古琉球國考證

中國史乘中所誌諸國，最混淆不分使中西地理學者疑莫能解者，莫逾琉球。昔人以爲古中國人所稱之琉球，即今日南自臺灣北抵日本諸島。晚至一八七四年，艾耳維侯爵（d'Hervey de Saint-Denys）始說明古中國地理學家在十六世紀以前，幷臺灣亦列入琉球羣島之內。

人常責備中國人至一四三〇年時始發見臺灣，蓋天氣清明時在中國海岸隱約可見臺灣之山，不應發見如是之晚也。

證以一六三四年荷蘭人抵臺灣時所見中國殖民之多，則又反證中國人早已發見此島。

考其誤會之原因，蓋中國人常以琉球名臺灣，至臺灣之名，於一六一二年始著於史。據史載，萬曆十四年，日本謀取臺灣，琉球遣使以聞。按明外史琉球傳：萬曆十四年日本有取雞籠山之謀，其地名臺灣，密邇福建。尚寧遣使以聞，詔海上警備。

準是以觀，中日歐洲之地理學者皆不知臺灣中國古名琉球。若一細察中國史書所載其地之詳細方位，及其人種學的誌述，所稱琉球，皆明指臺灣。此事歐洲人應早知之，當一六二二年時，荷蘭東印度公司命總督戈恩(Coen)氏尋求與中國通商之良港。戈恩將 Lequeo Pequeno 地方以聞，其通信中曾明言 Lequeo Pequeno 或臺灣(Formose)也。

當一六七〇年達帛(Dapper)氏於其第二次荷蘭使臣使中國記中，曾言其島，中國名爲大琉球(Talikieu)，所以別於葡萄牙人所稱之琉球(Lequio)小島也(O. Dapper Tweede gezantschap naar China, Amsterdam, 1670, p. 10)。

一五一七年時，安得拉得(Fernão Perez d'Andrade)派馬司加倫(Jorge Mascarenhas)駕數舟赴泉州，探尋習聞之 Liquia 富庶之地。平脫(Pinto)亦云：一五四〇年時，在柬埔寨(Cambodge)沿岸見一琉球(Lequios)船(Tiele, De Europeërs in der Maleischen

Archipel)。

皮加非塔(Pigafetta)氏述琉球民族(Popoli Lechii)有云：其民居大陸，爲中國之臣民，每年駕七八商船赴呂宋(Luçon)(P. A. Tiele, op. cit., p. 297)。

一五一四年，恩波里(Giov. da Empoli)云：彼處所稱之中國琉球(Lechi)，日本(Gori)，(按此非高麗，乃將軍 Shogun 時代ゴリヤウ御領之義。)猶吾人言弗郎德日耳曼伯拉邦(Fiandra e Lamagna e Brabante)也。(Oud en Nieuw Oost-Indien, livre IV, p. 33)。

一七一九年，刋善森(Sanson)氏之亞洲地圖，載明琉球或臺灣島(Lequeio or Formosa Isle)。一七二四年，法倫廷(Valentijn)亦曾言中國人名臺灣爲大琉球。

地理方位

隋書云：琉球國居海島之中，當建安郡東，水行五日可至。

大業元年海師何蠻等云：每春秋二時，天清風靜，依稀似有煙霧之氣，亦不知幾千里。煬帝令羽騎尉朱寬入海求訪異俗，得河蠻言，遂與蠻俱往，同到琉球國，言語不通，掠一人而返。

大業七年，帝遣陳稜率兵自義安浮海擊琉球，至高華嶼，又東行二日至鼅鼊嶼，又一日便至琉球。

宋史云：琉球國在泉之東，有海島曰彭湖，煙火相望。

元史云：琉球在南海之東，漳泉福興四州界內。彭湖諸島與琉球相對，亦素不通。天氣清明，望之隱約若煙若霧，其遠不知幾千里也。西南北岸皆水，至彭湖漸低，近琉球則謂之落漈。漈者水低下而不回也。凡西岸漁舟到彭湖已下，遇颶風發作，漂流落漈，回者百一。

前述之落漈，蓋爲一般旅行家所言臺灣西岸可畏之旋渦也。西南信風起時，西岸各港頗難通行，洵實事也(R. Swinhoe: Notes on the Island of Formosa, p. 10)。

元史世祖本紀云：二十九年三月二十九日，楊祥自汀路尾澳舟行，是日巳時，海洋中正東望見有山長而低者，約去五十里，祥稱是琉球國。

元貞三年，福建省平章高興言：今立省泉州，距琉球爲近，可伺其消息。

明一統志云：琉球古未詳何國，漢魏以來，不通中華，隋大業中，令羽騎尉朱寬訪求異俗，始至其國，語言不通，掠一人以返。

明外史琉球傳云：琉球居東南大海中。

閩書云琉球國在閩東北大海中，……南風順利，十八日可至。

按隋書所記東北行五日可至，而閩書云：十八日可至，前者蓋爲今之臺灣，後者爲今之琉球。

至明代時，與今之琉球人常有交際，見其開化，遂有疑及前人所誌琉球之事不實者。故閩書云：『大明一統志載，琉球有落漈，乃王居壁下聚髑髏，非實事。又杜氏通典集事淵海，嬴蟲錄，星槎勝覽，諸書所記，述皆傳者妄也。』其實前之所記，乃臺灣之蠻人事，非開化之琉球事，非妄言也。其實閩人亦知有臺灣，故閩書又云：『其地去彭湖不下數千里，宋志云與泉州煙火相望，閩人嘗言霽日登鼓山可望琉球，皆非也。』此則駁古人之誤以臺灣爲琉球，非不知臺灣也。

若更欲求今臺灣古稱琉球之證據，試取今日歐人地圖觀之。臺灣東南有小島，即名小琉球，以別於古稱大琉球之臺灣。況閩書又云『其國西南暹羅，東北則日本』。其方位更可知矣。

按明一統志琉球山川考：『黿鼊嶼，（島在彭湖之北）在國西水行一日。高華嶼，（島在彭湖之南）在國西，水行三日。二嶼陷陳稜率兵過此。彭湖島在國西，水行五日。地近福州泉州興化漳州四郡界，天氣晴明，望之隱然若煙霧中。」

明一統志又引元史云：水至彭湖漸低，近琉球謂之落漈，漈水趨下不迴也。凡西岸漁舟到彭湖，遇颶風作，漂流落漈，回者百一二。

以上所引諸書記載詳明，吾人敢與艾耳維氏共斷定曰：古中國地理家之琉球，即今之臺灣。至今之琉球，自一三八二年始，始有此名，即明史所謂中山山南山北之琉球也。此琉球吾人將來再研究之，茲僅考證古之琉球。

人種誌

本節中吾人將中國史乘所誌古琉球（臺灣）之風俗，與歐洲旅行家所述，比較研究之。

隋書云：琉球國居海島之中，當建安郡東，水行五日而至。土多山洞。其王姓歡斯氏，名渴剌兜，不知其由來有國代數也。彼土人呼之為可老羊，妻曰多拔荼，所居曰波羅檀洞。（按波羅馬來語，為 Poulou 意即島也。）塹柵三重，環以流水，樹棘為藩。王所居舍，其大一十六間，琱刻禽獸。多鬭鏤樹，似橘而葉密條纖如髮然下垂。國有四五帥統諸洞，洞有小王。往往有村，村有鳥了帥，並以善戰者爲之，自相樹立理一村之事。男女皆以白紵繩纏髮，從項後盤繞至額。其男子用鳥羽爲冠，裝以珠貝，飾以赤毛，形製不同。婦人以羅紋白布爲帽，其形正方。織鬬鏤皮并雜色紵及雜毛以爲衣，製裁不一。綴毛垂螺爲飾，雜色相間，下垂小貝，其聲如珮。綴璫施釧，懸珠於頸。織藤爲笠，飾以毛羽。有刀䂎弓箭劍鈹之屬。其處少鐵，刃皆薄小，多以骨角輔助之。編紵爲甲，或用熊豹皮。王乘木獸，令左右轝之而行，導從不過數十人。小王乘機，鏤爲獸形。國人好相攻擊，人皆驍健善走，難死而耐創。諸洞各爲部隊，不相救助。兩陣相當，勇者三五人出前跳噪，交言相罵，因相擊射。如其不勝，一軍皆走，遣人致謝，卽共和解。收取鬬死者，共聚而食之，仍以髑髏將向王所，王則賜之以冠，使爲隊帥。無賦斂，有事則均稅。用刑亦無常准，皆臨事科決。犯罪皆斷於鳥了帥，不伏則上請於王，王令臣下共議定之。獄無枷鏁，唯用繩縛。決死刑以鐵錐，大如筯，長尺餘，鑽頂而殺之。輕罪用杖。俗無文字，望月虧盈以紀時節，候草榮枯以爲年歲。人深目長鼻，頗類於胡，亦有小慧。無君臣上下之節，拜伏之禮。父子同牀而寢。男子拔去髭鬢，身上有毛之處，皆亦除去。婦人以墨黥手，爲蟲蛇之文。嫁娶以酒肴珠貝爲娉，或男女相悅，便相匹偶。婦人產乳，必食子衣，產後以火自炙，令汗出，五日便平復。以木槽中暴海水爲鹽，木汁爲酢，釀米麪爲酒，其味甚薄。食皆用手。偶得異味，先進尊者。凡有宴會，執酒者必待呼名而後飲。上王酒者，亦呼王名。銜盃共飲，頗同突厥。歌呼蹋蹄，一人唱，衆皆和，音頗哀怨。扶女子上膊，搖手而舞。其死者氣將絕，舉至庭，親賓哭泣相弔。浴其屍，以布帛纏之，裹以葦草，親土而殯，上不起墳。子爲父者，數月不食肉。南境風俗少異，人有死者，邑里共食之。有熊羆豺狼，尤多猪雞，無牛羊驢馬。厥田良沃，先以火燒而引水灌之。持一插，以石爲刃，長尺餘，闊數寸，而墾之。土宜稻粱禾黍麻豆赤豆胡豆黑豆等。木有楓栝樟松楩楠杉梓竹藤果藥，同於江表。風土氣候與嶺南相類。

俗事山海之神，祭以酒肴，鬬戰殺人，便將所殺人祭其神。或依茂樹起小屋，或懸髑髏於樹上，以箭射之，或累石繫幡以爲神主。王之所居，壁下多聚髑髏以爲佳。人間門戶上必安獸頭骨角。大業元年，海師何蠻等每春秋二時，天清風靜，東望依稀似有煙霧之氣，亦不知幾千里。三年，煬帝令羽騎尉朱寬入海求訪異俗，何蠻言之，遂與蠻俱往，因到琉球國，言不相通，掠一人而返。明年，帝復令寬慰撫之，琉球不從，寬取其布甲而還。時倭國使來朝，見之曰：此夷邪久國人所用也。帝遣武賁郎將陳稜，朝請大夫張鎮州率兵自義安浮海擊之，至高華嶼，又東行二日，至鼅鼊嶼，又一日便至琉球。初稜將南方諸國人從軍，有崑崙人頗解其語，遣人慰諭之。琉球不從，拒逆官軍。稜擊走之，進至其都，頻戰皆敗，焚其宮室，虜其男女數千人，載軍實而還，自爾遂絕。

宋史琉球本傳云：琉球國在泉之東，有海島曰彭湖，煙火相望。其國塹柵三重，環以流水，植棘為藩。以刀稍弓矢劍鼓為兵器。視月盈虧以紀時。無他奇貨，商賈不通。厥土沃壤，無賦斂，有事則均稅。旁有毗舍邪國，〔按即呂宋（Philippines）〕語言不通，袒裸盱睢，殆非人類。淳熙間，國之酋豪，嘗率數百輩猝至泉之水澳圍頭等村，肆行殺掠，喜鐵器及匙筯，人閉戶則免，但刓其門圈而去。擲以匙筯則頫拾之。見鐵騎則爭刓其甲。駢首就戮，而不知悔。臨敵用標鎗，繫繩十餘丈為操縱，蓋惜其鐵，不忍棄也。不駕舟楫，維縛竹為筏，急則羣舁之泅水而遁。

中國史乘記載如此，茲將歐州旅行家之所述與中國人之所記，比較觀之。

王居及民居　中國記載云：王居曰波羅檀洞，塹柵三重，四周環以流水，樹棘為藩。王所居舍，其大十六間，琱刻禽獸。又云：王之所居，壁下多聚髑髏，以為佳。人間門戶上，必安獸頭骨角。民居似洞。

此項記載，與歐人所記相合。據順侯(Rob. Swinhoe)氏云：沙蝸(Sawo)以上，波羅新那汪(Polo sinnawan)河［地圖名加里汪(Kalewan)河］兩岸，有可馬郎(Komalans)人村聚數處。其人親切有禮，導吾人入其居屋，其屋起於椿上，距地若干距離，上覆以茅，藩屋以樹(Notes on the Ethnology of Formosa)。普至(P. Sainz)氏云：平浦番(Pepos)傍巖爲屋，其居似洞，以灰石及木塊造之(ibid., p. 5)。萊特(David Wright)氏云：每有居屋十六所，則建一廟，土人將其流血戰利品祭之(ibid., p. 14)。

順候氏又云：可馬郎人門戶之上，飾以鹿觥及其他野獸之頭(ibid., p. 11)。

據忽略的臺灣('T Verwaarloosde Formosa)之著者云：臺灣人之居屋，內外皆飾以鹿豕之頭('T Verwaarloosde formosa, p. 4)。

鬬縷樹　中國記載中，皆有此樹，然不識爲何樹也，故即以土人之名名之。據云：其樹「似橘(Citrus madurensis)而葉密，條纖如髮，然下垂。」又云「織鬬縷皮幷雜色紵及雜毛以爲衣。」

善至(Sainz)神甫所記平埔番事大致相同。據云：彼等以樹皮、蒲席、鹿角等物，易中國商貨(Swinhoe, op. cit. p. 5)。順候氏曾購男女衣於臺灣生番。據云：其衣爲生番手織，用麻與蕉(Musa coccinea)及一不識爲何樹之纖維所織成(Op., cit. p. 8)。

據忽略的臺灣之著者云：其衣以狗毛織之。吾人製衣，翦取羊毛，彼等則拔取狗毛。

按北史亦載有此樹。據云：琉球國居海島，多闘縷樹，似橘而葉密，條纖如髮之下垂。織闘縷皮幷雜毛以爲衣。

所可惜者，順候(Swinhoe)氏既居臺灣，而未一考究此樹，而今日臺灣詞典之中，又無一名與闘縷相合。哈帕特(Happart)氏之法甫郎(Favorlang)語詞典(Woordboek der Favorlangsche Taal)亦僅述及一種美色黄樹皮，其名曰拉辣(Lallaas)，土人用其纖維與織衣之綫相間織以爲衣，然亦未言係何樹之纖維。此字似爲法甫郎語之大洛里(dallolees)字之轉音。大洛或亦闘縷一音之轉也。其樹頗類吾人之樺(Bouleau)。此外臺灣惟有一樹，與此樹相類，即中國所名之楓(Liquidambar formosana)是也。說文云：「楓木厚葉弱枝善搖，一名欇」。

夫中國人既熟識楓樹，不應別稱鬬纏，似非一樹也。又據鄂帛耳 (Oppel) 氏云：臺灣北部有樫之一種 (Yeuse)，又有颯桑 (Sasan) 樹，其木白而堅，似松，又有笴根 (Arbor vitae orientalis, Chaolam) 樹，其幹高十五至二十公尺。又有楓樹，又有漆樹 (Vernix vernicia) 云云。不知鬬纏究爲何樹也。

政治　按隋書云：國有四五帥，統諸洞，洞有小王。往往有村，村有鳥了帥，並以善戰者爲之，自相樹立，理一村之事。……王乘木獸，令左右轝之而行。……小王乘機，鏤爲獸形。……諸洞各爲部隊，不相救助。……無賦歛，有事則均稅。……犯罪者皆斷於鳥了帥，不伏則上請於王，王令臣下共議之。獄無枷鏁，唯用繩縛。決死刑以鐵錐，大如筋，長尺餘，鑽頂而殺之。輕罪用杖。

據忽略的臺灣之著者云：此地無統治全島最高之君長，唯分爲若干村，每村各自爲治，上無統治之人。村中亦無首領，惟有十二人共組之會，會員十二人，二年一任。

善至 (Sainz) 神甫云：平埔番居有數村，村有官自治，不受中國人之羈縻 (Swinhoe, op. cit., p. 5)。甘的的勿司 (Candidius) 云：每村爲一共和國，以二年一任之十二官長治理之。年五十歲方有被任之資格。任滿拔其鬚毛，以表曾任官長之榮。官長權甚微，大事集衆決之（Swinhoe, op. cit., p. 14）。忽略的臺灣之著者又云：臺灣無死刑，惟有罰金。殺人者常逃避，懼報復也。然大致可以賄和。

衣飾　據隋書所述，毗舍邪國祖裸，琉球國男子用鳥羽爲冠，裝以珠貝，飾以赤毛，男女皆以白紵繩纏髮，從頂後盤繞至額。婦人以墨黥手爲蟲蛇之文，以羅紋白布爲帽，其形正方。織鬬鏤皮並雜色紵及雜毛以爲衣，綴毛垂螺爲飾，雜色相間，下垂小貝，其聲如珮。綴璫施釧，懸珠於頸。織藤爲笠，飾以毛羽。

據善至（Sainz）神甫所述，伽里人（Kalis）男子除酋長之二子服短褂外，餘皆裸行（Swinhoe, op. cit., p. 5）。臺灣西北之桂英人（Kwei-ying），唯有上褂。腰有帶或卷腰。冠紅帽。婦人服卷腰，冠紅帽，其上身祖裸（ibid., p. 11），以線穿白貝爲頸圈，以紅色或白色布纏之，髮前繞至額（Ibid., p. 10）。可馬郎人（Komalans）婦女以三層紅布纏其髮，髮上以蔓生植物之葉爲冠。耳有數孔，懸以對徑二寸白色金類之環（ibid., p. 11）。桂英人皆黥額爲三紋，皮青色凸起，其刺時用針，塗以墨。老人黥色多褪。少年十六歲始即黥額，若獲敵首一級，即於上脣黥成八線方紋。婦女黥兩耳間。土人語黥額爲黎灰 (Li-hoeï) 黥頰爲伽拜 (Kabaï) (Swinhoe, p. 6–7)。已嫁之婦，冠青布帽，上插女兒時所插之吹火管 (p. 8)。甘的的勿司 (G. Candidius) 亦云：澀蘭港 (Zelandia) 附近之特甫郎人 (Tefourang) 裸行 (ibid., p. 11)。萊特 (D. Wright) 氏云：當西班牙人及荷蘭人未至之前，臺灣人皆裸行山中。生番亦然，惟腰有帶而已。半生番冬日以虎豹熊皮，及其他野獸之皮爲衣。婦女以綢纏額上，作兩角形，婦女無履 (p. 12–18)。

兵器　隋書云：琉球有刀矟弓箭劍鈹之屬。其處少鐵，刃皆薄小，多以骨角輔助之。編紵爲甲，或用熊豹皮。

據善至神甫所述，伽里 (Kalis) 人之兵器，有矛刀弓箭等物，戰時獵時咸用之 (ibid., p. 6)。桂英人 (Kwei-ying) 手執矛。腰懸劍。箭無羽 (ibid., p. 10)。甘的的勿司 (Candidius) 云：琉球人有大盾 (ibid., p. 14)。此種兵器，今皆不存，易以中國之鎗。

戰爭　隋書云：諸洞各爲部隊，不相救助。兩陣相當，勇者三五人出前跳噪，交言相罵，因相擊射。如其不勝，一軍皆走，遣人致謝，即共和解。收取鬭死者，共聚而食之，仍以髑髏將向王所，王則賜之以冠，使爲隊帥。

據萊特 (David Wright) 所述，亦大致相同，據云：戰事決諸兩方選手兩人。一人勝，則認爲全軍勝。勝者以敗者之首置於矛端，全部落人繞之跳舞 (ibid., p. 12)。

學術及宗教　隋書云：俗無文字，望月虧盈，以紀時節，候草藥枯，以爲年歲。

荷蘭傳教師所述，亦大致相同 ('T verwaarloosde formosa, p. 11, Swinhoe, op. cit., p. 15)。

隋書云：俗事山海之神，祭以酒肴，鬭戰殺人，便將所殺人祭其神。或依茂樹起小屋，或懸髑髏於樹上，以箭射之，或累石繫幡以爲神主。

甘的的勿司 (Candidius) 云：所祀之男神名大馬紀桑哈 (Tamagisanhach)，女神名大囊克爬達 (Tanankpada Agodalis)，惡神名薩力亞芬 (Sariafing)，戰爭之神名大巴甫拉 (Tabafula) 及大爬里亞肅 (Tapaliape)。其人信靈魂不死，然不信身體再生云云。所述如此，可見中國人及荷蘭傳教師所知臺灣人之信仰及迷信甚少，待考究者尚多也。

外貌風俗及習慣　隋書云：人深目長鼻，頗類於胡，亦有小慧。宋史云：旁有毗舍邪國，語言不通，袒裸盱睢，殆非人類。

萊特 (David Wright) 氏云：臺灣人眼大鼻平，胸寬耳長，其色似橄欖，與黑白雜種人相伯仲也 (Swinhoe, op. cit., p. 12)。然則中國人言其類胡者，僅言其色而與其他種形無關也。（按著者以胡字專指東胡，不知波斯胡亦以胡稱，故有此誤。）

隋書云：無君臣上下之節，拜伏之禮。父子同牀而寢，男子拔去髭鬢，身上有毛之處，皆亦除去。歐洲之旅行家亦言其人不知羞恥。據順候 (Swinhoe) 氏云：婦女在前，男子去其衣，露其下體，不以為恥 (op. cit., p. 7)。甘的勿司 (Candidius) 氏云：男子裸行不以為褻，婦女雖有衣，然每日兩次對衆脫衣入浴，亦不以為恥 (ibid., p. 11)。

中國人及歐洲人所謂為卑褻無恥者，其實乃原始人類質樸之處。臺灣人并不淫逸，即就其婚姻言之，可以見已。土人婚後一日，男女卽不同居，婦居父母之家，夫無其父母之命，不敢近其婦。

婦女三十七歲之後，始敢孕育。夫婦四十歲後，始能同居(ibid., p. 14)。

據萊特 (David Wright) 氏所述：亦言台灣人有拔髭之習。婚姻與中國異，不用媒妁，由男女自擇，但未婚夫應以酒肉珠貝賂女父(p. 14)。

甘的勿司 (Candidius) 所言亦同，據云：男子至二十歲或二十一歲，始能婚配。女子則在懷春之後。男子之母姊或其他親屬，應以聘物納女家。女家允許後，婚配卽成，無他儀節也 (ibid., p. 14)。

忽略的臺灣之著者，所述婚姻聘物，頗爲詳細('T verwaarloosde formosa, p. 11)。

隋書云：食皆用手。偶得異味，先進尊者。凡有宴會，執酒者必待呼名而後飲。上王酒者，亦呼王名。銜盃共飲，頗同突厥。歌呼蹋蹄，一人唱，衆皆和，音頗哀怨。扶女子上膊，搖手而舞。

此種舞蹈，大致於戰爭歸後行之。

喪事　隋書云：浴其屍，以布帛纏之，裹以葦草，親土而殯，上不起墳。子爲父者，數月不食肉。南境風俗少異。人有死者，邑里共食之。

順候氏云：土人以被裹屍葬之，不起墳，不焚香，惟植樹而已。中國以土人無喪儀，故以其爲野蠻。

甘的的勿司所述不異，據云：有時停屍使乾，土人則飲酒舞蹈。九日後，以蓆裹屍置之平臺。三年而後，葬其骨於死者屋內（Swinhoe, op. cit., p. 14-15）。此種風習，樺太島等處有之。吾人已於通報三册二〇八頁述之矣。

鹽酢酒　隋書云：以木槽中暴海水爲鹽，木汁爲酢，釀米麪爲酒，其味甚薄。

臺灣土人釀酒之法，居其地之荷蘭人已詳言之，與中國人別一書所記相同（通報三册二六四頁）。

忽略的臺灣之著者云：臺灣人釀酒，其味之佳，與西班牙酒及萊茵（Rhin）酒同。其法則婦女煮米未熟，即於臼中擣成泥。然後用年老婦人口嚼米粉，吐於碗中。至其液滿一磅後，則與米泥羼合，重擣之。擣後以大甕盛之，澆以水，密封之，使之發酵。二月後即成美酒。發酵時間愈久，其酒愈佳。可保存十五年至三十年。

此種釀酒之法，臺灣府志所記亦同。據云：諸羅縣釀酒用未嫁番女口嚼糯米，藏三日後，略有酸味，爲麴舂碎糯米和麴，置甕中。數日發氣，取出攪水而飲。亦名姑待酒。（卷十四十九頁。）

又據蒼䁔餘談所記：琉球造酒，則以水漬米，越宿令婦人口嚼手搓，取汁爲之，名曰米奇。

據前說，吾人又獲一古琉球即臺灣之證明。法甫郎人 (Favorlang) 語，名酒曰哦（據Happart之字典）。達卑氏云：（二次使華記二十三頁），其酒名馬希閣 (Machiko) 與前述之米奇音相近也。

動物　隋書云：有熊羆豺狼，尤多猪雞，無牛羊驢馬。

據順候氏臺灣鳥獸誌 (Birds and Beasts of Formosa, pp. 48-49) 云：其地產艾葉豹，一名獐虎，［學名 Leopardus brachyurus，與海峽殖民地 (Straits-settlements) 之 1. macroscelis 相近，其尾較短。］熊，麋 (Rusa Swinhoii)（其種有五）兎 (Lepus Sinensis)，猴 (Macacus cyclopis)，野貓 (Felis viverrinus)，水獺，野山羊 (Capricornus Swinhoii)，鼠，野猪 (Sus Taiwanus)。又有一種小牛，爲山中野牛之變種。又有小而瘠之馬，來自中國。此外若水牛、山羊、猪、

犬、亦皆由中國輸入者也。

又據不詳何人所著之台灣錄 (Jottings about Formosa) 云：其地缺少馬騾驢，輸入之羊，亦不甚繁殖。

哈耳德之中國誌 (Description de la Chine, I, p. 178) 亦云：馬、羊、山羊臺灣甚少。豬價甚昂，然雞鴨鵝甚多，牛亦不少，顧其地缺馬騾驢，故以牛為尋常乘騎。

總而言之，前引琉球之記述皆可適用於臺灣。吾人尤應注意者，歐洲人之記述始於十七世紀時，而中國人之記述，則始於七世紀，止於一八二九年。

其中惟有一點似乎反證吾說，此點卽隋書所記琉球人編紵為甲一事。按隋書琉球本傳，明年帝復令寬慰撫之，流求不從，寬取其布甲而還。時倭國使來朝，見之曰，此夷邪久人所用也。艾耳維 (d'Hervey) 氏以官話之音譯夷邪久之名而為 (Y-ye-kieou)。吾人以為應以廈門土音譯之，因是時所用之嚮導及譯人多屬福建人，應以土音為准。洵如是，則夷邪久應譯為 Yyakou。考日本史書當時適亦記有遣使於隋事，當日本推古天皇十五年時 (紀元六〇七年)，日本以小野妹子爲大使使隋賀煬帝卽位。時煬帝正遣將汎東南海，擊流求，因語言不通，掠數人歸長安。次年夏遣人招撫之，流求王不從，乃還。時日本使臣在京師，見中國軍將取回之布裹之盾，識爲 Ya-kou sima 地方之物，此地卽流求之一島也(von Siebold, Nippon Archiv, VIII, p. 284)。

按日本語 sima 之義爲島。Ya-kou 與夷邪久廈門語音 Yyakou 之音又符。艾耳維氏以夷邪久別爲一島之說，實難成立。蓋夷邪久卽臺灣也。日本語 Yakou 之漢譯有藥、役、約、厄、疫、益等字，Yakou sima 似爲藥島，然予則以爲應譯爲野狐島。

考隋書流求傳所記陳稜擊流求事，此地爲臺灣無疑。據傳云：初稜將南方諸國人從軍，有崑崙人頗解其語，遣人慰諭之，流求不從，拒逆官軍。稜擊走之，至其都，頻戰皆敗，焚其宮室，虜其男女數千人，載軍實而還云云。傳中所記之崑崙人，蓋爲柬埔寨南端崑崙山 (Poulo Candore) 之島民，其語言與馬來語臺灣語相近，故云頗解其語也。

又按陳稜傳云：大業三年，拜武賁郎將。後三歲，與朝請大夫張鎭周發東陽兵萬餘人，自義安汎海擊流求國，月餘而至。流求人初見船艦，以爲商旅，往往詣軍中貿易。稜率衆登岸，遣鎮周爲先鋒。其主歡斯渴刺兜遣兵拒戰，鎮周頻擊破之。稜進至低沒檀洞，其小王歡斯老模率兵拒戰，稜擊敗之，斬老模。其日霧雨晦冥，將士皆懼，稜刑白馬以祭海神，既而開霽，分爲五軍，趣其都邑。渴刺兜率衆數千逆拒，稜遣鎮周又先鋒擊走之。稜乘勝逐北，至其柵。渴刺兜背柵而陣，稜盡銳擊之，從辰至未，苦鬭不息。渴刺兜自以軍疲，引入柵。稜遂填塹，攻破其柵，斬渴刺兜，獲其子島槌，虜男女數千而歸。

中國此種無信無理之攻擊，又何怪臺灣人後來之報復耶。至葡萄牙人及荷蘭人之待遇此種可憫的蠻人，其殘酷亦不在中國人之下也。

與中國之交際

流求與中國之政治交際，始於隋時。大業三年三月，煬帝令羽騎尉朱寬到流求，掠一人而返。後三年，武賁郎將陳稜等汎海擊流求國，俘其男女萬餘人以歸。次年又遣陳稜率兵至流求，事蹟見前，茲不贅述。

宋時流求酋豪反侵入內地當時始終未派兵擊之。

元世祖時曾遣使詔諭琉球。據元史云：琉球在外夷最小而險者也。漢唐以來史所不載，近代諸蕃市舶，不聞至其國也。世祖至元二十八年九月海船副萬戶楊祥，請以六千軍往降之，不聽命則遂伐之。朝廷從其請。繼有書生吳誌斗者上言生長福建，熟知海道利病，以爲若欲取附，且就彭湖發船往諭，相水勢地利，然後興兵未晚也。冬十月乃命楊祥充宣撫使，給金符，吳誌斗禮部員外郎，阮監兵部員外郎，並給銀符，往使琉球。詔曰：收撫江南已十七年，海外諸蕃罔不臣屬。惟琉球邇閩境，未曾歸附。議者請即加兵。朕惟祖宗立法，凡不庭之國，先遣使招諭，來則按堵如故，否則必致征討。今止其兵，命楊祥阮監往諭汝國。果能慕義來朝，存爾國祀，保爾黎庶。若不效順，自恃險阻，舟師奄及，恐貽後悔，爾其慎擇之。

又按元史世祖本紀二十九年，楊祥阮監果不能達琉球而還，誌斗死於行，時人疑爲祥所殺。

又按元史琉球本傳：二十九年三月二十九日，自汀路尾澳舟行，至是日巳時，海洋中正東望見有山長而低者，約去五十里。祥稱是琉球國，監稱不知的否。祥乘小舟至低山下，以其人衆，不親上，令軍官劉閏等二百餘人以小舟十一艘載軍器領三嶼人陳煇者登岸。岸上人衆，不曉三嶼人語，爲其殺死者三人，遂還。四月二日至彭湖，祥責監誌斗已到琉球文字，二人不從。明日不見誌斗蹤跡，覓之無有也。先誌斗嘗斥言祥生事要功，欲取富貴，其言誕妄難信，至是疑祥害之。顧稱誌斗初言琉球不可往，今祥已至琉球而還，誌斗懼罪逃去。誌斗妻子訴於官。有旨發祥監還福建置對。後遇赦，不竟其事。

上述二種之遠征，其結果不過殺若干不幸之土人，并掠若干之俘虜而已。當時臺灣土人生活自由，并無君長，其不能承認不解語言之中國主君，亦勢之所必然也。彼等視中國皇帝之使，如同盜寇，故有後之報復。而宋元兩代，亦未派兵擊之。至明初始又有官使之派遣。顧新派之使，不經往昔名流求之臺灣，而赴臺灣日本間之琉球。誤會遂於是開始，而中外史家自是遂亦迷離不知所從矣。

中國與今琉球之關係

按明一統志云：本朝洪武中，其國（琉球）分爲三：曰中山王，曰山北王，曰山南王，皆遣使朝貢。

明代固知有今之琉球，然史書所誌，尚混淆不分也。按明外史云：琉球居東南大海中，自古不通中國。元世祖遣官招諭不能達。（此指古名流求之臺灣）太祖洪武初，其國（此指今之琉球）有三王，曰中山，曰山南，曰山北，皆以尙爲姓，而中山最强。洪武五年正月，命行人楊載以即位建元詔告其國。其中山王察度即遣弟泰期等隨載入朝貢方物。帝喜，賜大統曆及文綺紗羅，其使者亦有賜。（明外史琉球傳。）

洪武七年冬，泰期復來貢，并上皇太子箋。命刑部侍郎李浩齎賜文綺陶鐵器，且以陶器七萬，鐵器千，就其國市馬。（同前。）

洪武九年夏，泰期隨浩入貢，得馬四十匹。浩言其國不貴紈綺，惟貴瓷器鐵釜，自是賞賚多用諸物。（同前。）

洪武十年，琉球遣使賀正旦，貢馬十六匹，硫黃千斤。（同前。）

洪武十一年，中山王復來貢。其山南王承察度亦遣使朝貢。（同前。）

洪武十五年春，中山來貢。遣內官送其使歸國。（同前。）

按：閩書琉球國在閩東北大海中。蘘貢使往來泉州，後移福州。册封朝使自長樂梅花所開洋，南風順利，十八日可至。操舟多用漳人。以子午針量其水道，古指南法也。其國繇漢周以來不通中華。隋時常遣兵俘其男女五千人入閩中，竟不內附。元遣使諭之，不至。我明洪武初，國三分，中山、山南、山北鼎峙稱王，各遣使朝貢。十五年，賜中山王察度、山南王承宗鍍金銀印、金幣，使還言三王爭雄，治相攻。賜詔諭之，并諭山北王怕尼芝。

洪武十六年，中山王與山南王並來貢。詔賜二王鍍金銀印。時二王與山北王爭雄，互相攻伐。命內史監丞梁民賜之勅，令罷兵息民。三王並奉命。山北王怕尼芝即遣使偕二王使朝貢。

洪武十八年，又貢，賜山北王鍍金銀印如二王，而賜二王海舟各一。自是三王屢遣使奉貢，而中山王尤數。（明外史琉球傳）

洪武二十五年夏，中山貢使以其王從子及寨官子偕來，請肄業國學，從之。其冬，山南王亦遣從子及寨官子入國學。明年，中山兩入貢，又遣寨官子肄業國學。是時國法嚴，中山生與雲南生有非議詔書者，帝聞詈之死，而待其國如故。山北王怕尼芝已卒，其嗣王攀安知嗣。（同上。）

關係琉球貢使之記載甚夥，以後皆屬近代史，無疑義可尋，故亦勿用列舉也。

吾人所欲說明者，昔日中國人將琉球與臺灣混而爲一，以致中西學者皆爲之疑莫能解。自是之後，古流求與今琉球之非一，當必了然矣。

中國史乘中未詳諸國考證卷二十

女人國考證

吾人前茲考證女國，曾言女國有二，一種爲男女兼有之女國，一種爲有女無男之女國。後者卽沃沮耆老告王頎之言，謂有一國亦在海中，純女無男者是也。（文獻通考卷三二六，沃沮條。）

此種女國，三才圖會與後漢書亦載有之。按三才圖會：女人國在東南海上，水東流，數年一泛。蓮開長尺許，桃核長二尺。昔有舶舟飄落其國，羣女攜以歸，無不死者。有一智者，夜盜船得去，遂傳其事。女人遇南風，裸形感風而生。又云：有奚部，小如此部，抵界其國。無男，照井而生。

後漢書云：北沃沮人言，海中有女國，無男人。或傳其國有神井，闚之輒生子。

上引之記載，大概得自水手之傳聞。設日本無有相類之故事，人必以爲妄言置之。相類故事，出於日本之八丈島。此島在日本之南，北緯三十四度二十分，東經一百二十九度十五分。日本人相傳，此島婦女以履置海邊，履踵向海。設有航海人著履者，卽爲有此履婦女之夫，終必不勝此輩婦女之聚淫，縱慾而死（見通報三卷五九〇頁注二）。

友人某者，居日本數年，攜歸畫圖一卷，卷長十二尺，畫顏曰漁圖，卽繪有此故事。此精美實際之圖上，有漂流之水手數人，漂至此島。爲島女所嬲，盡情媾合之後，導之謁其女王，款以種種豐肴，使之恢復精力。久之，枯瘠愈甚。水手等畏懼潛逃，島女追逐之，幸而喘息得舟，張帆引棹，始離此島。

據名畫家格部維耳(Grandville)之著述(Un autre Monde, Paris, pp. 153)以爲此女人島在南洋馬基司 (Marquises) 諸島之中。其記述亦與中國記述相類。據云：「椰子樹中，巨聲忽作，島中女子羣逐水手，有二女子捷足先捕其一人，強與之合。」其第一五六頁所繪之圖，與前述之日本畫無異，特爲馬基斯島之女子競逐二歐洲水手，而非女國之女子競逐日本漁夫耳。

若再以阿剌伯人所著印度珍奇 (Les merveilles de l'Inde) 一書，船長巴伽提 (Abou'z-Zahr el-Barkhati) 所述之女人島故事相對照，又不無蹤跡可尋也。據云所誌之事乃聞於女人島之一女人，茲轉錄於下，以資尋究。

有某商偕夥附舟至馬拉圖（Malatou）海。舟近中國沿岸，遠見數山山巔。忽疾風起波，船不可御，漂向伽諾卜（Canope）方向進行。海流逕向南行，歸望已絕。經二日二夜，見水際煙焰蔽天。船員大懼，欲強船長沈沒其船，寧為水淹，不為火焚。此際有潛藏舟中之西班牙伽的司（Cadix）之回教徒者出而向船員解說此現象曰：『所見者為一海島，島周圍有山，以禦波浪，晚間如大火燭天。不知者頗畏懼也』。船員聞之，恐怖乃解，遂向此島航行。船抵岸，舟人皆登陸。忽島中無數婦女蜂湧而出，競執舟人，千女執一男，擁向山中，強使之為歡樂之具。顧男少於女，供不應求，女皆爭欲得之。男子常為強者所有，舟人相繼衰竭而死。每有一舟人死，島女不憚尸臭，尙擁之求歡。惟此西班牙人為一女所得，晝則藏之近海之所，晚間則擁之臥，并以食餉之。無何，風向轉變，正向印度來。途推波，其人乃取其名飛魯（Felou）之小舟，儲備甘水餱糧，欲載之而逃。其女知其意，乃導之至一人跡不到之區，示以金沙，共載至舟。至舟不能荷載始止。其人與女同載以行。十日達來時之港，乃以其事告人。其女習知西班牙語，皈依回教之後，述其島之事曰：『吾輩來自一島，其地周圍皆係海島，大城市遍佈各處。島之近者，距陸有三日夜之航程。其地自國王以至臣民，皆崇奉此夜明之火，國人名其島爲太陽之居，因日出其東而沒於西也。土人以爲晚間太陽伏於此島。顧島中女多於男，島之男子，乃以舟載千萬女子棄之此島，次第斃者甚衆。此舟至此島之前，無一男子蒞其地。蓋此島在伽諸卜之下，大海之中，無一航人能往來其地云。

據前述之傳說，其地應爲日本。蓋佛教輸入之前，其人皆崇奉太陽也。其人以日本名其地，蓋以其地爲日出之區也。（通報五卷二〇六頁）則與上引阿剌伯之傳說又適相符。至日本國多女子，後漢書早已記述此事。西人著作已屢引之。日本昔名倭，中國人訓倭字之義曰：『從人，從禾，從女，此三者，倭國皆蕃盛。』且日本昔日多妻制盛行，或以古時女子過多，日本容有一國以舟載過剩之女棄之孤島之中，如此女之所述，亦意計中容有之事也。遇有海舟漂泊至島，自爲島女所歡迎，特爭嬲之以致力竭而死，未免太過耳。至若此島之火，應係火山之火。按隋書東夷列傳云：『倭國有阿蘇山，其石無故火起接天者，俗以爲異，因行禱祭。』此山按即島原半島之溫泉嶽。（按阿蘇山與溫泉嶽俱在九州，隋書之阿蘇山似非溫泉嶽，著者恐有附會也。）日本史書記其大爆裂，紀元七〇一年一次最甚，末次在一七九二年時，自是以後，繼續噴煙，夜間自然有光也。至島女贈金沙之事，亦非無根之說。日本實饒有金鑛也。又若後漢書闕井生子之說，或爲鑛泉可止不孕風習之誤傳。鑛泉可止不孕之迷信，不特日本有之，卽歐洲盧耳德（Lourdes），恩母司（Ems）幾新根（Kissingen）及其他各處之靈泉，據聞亦賦有此種靈異也。再日本亦以蓮桃著名。日本金桃，實重一斤，（見橐苑）早有此說也。

吾人前茲於考證女國文中，曾言該島所謂女子，卽曾經發生人魚物語的海狗之誤傳。自吾人獲見印度珍奇譯本之後，吾人之假定，遂又獲一明確之證明。茲全錄於下，用見吾人之說實非臆斷。古人實有海狗如女人，人與海狗交，與人無異之臆想也。

印度珍奇曰：巴伽提（Abou'z-Zahr el-Barkhati）船長云：曾聞其諸父依本恩加圖（Ibn-Enchartou）說海女事，據云：吾父曾附一大舟，進航方蘇爾（Fansour）島，爲風吹至一海灣，水甚平靜，無風浪，水深千尋，不知其底。止於是灣者三十三日，未幾不覺爲海流所漂，至於羣島之中。航近島岸，見沿海婦女在海中游泳嬉戲。舟人進向之，以手示好意。此輩婦女，一見舟人，卽驚避逃入島中。無何，島民男婦迎來，其人似頗聰慧，不解舟人言語。舟人乃以手示意，彼等亦以手作答。兩方之意始通。舟人詢之云：有無食物可售。彼等答云：有，卽將米雞牝羊蜜酪果物，及其他食物來前。舟人卽以鐵銅衣服玻璃等物易之。更詢其有無商貨，答云：惟有奴婢。乃告之領以俱來。旋偕奴婢來。舟人生平未見此種美好歡笑之奴婢也。彼等互相歌舞嬉笑，其體豐肥，觸之光滑如脂，輕捷活潑，時若欲飛，惟其頭小，其腋有翅如鼈唇。舟人乃詢此翅爲何物。島民笑答云：「勿用驚異，島民皆如是也。」且以手指天，意謂天生卽具此形。舟人亦未詳究，咸以爲獲善價之貨，各視其力購之，舟貨爲空。滿載奴婢餱糧。購之市盡，島人又將更美之奴婢來售。一舟之中，滿載此種眼所未經之最美最可愛之生口。若將來得售，子孫後裔，皆成富人矣。開船時，正值送歸原地之順風。島民送別時，告舟人云：「若天帝允許君輩行將再來。」是亦舟人之願也。船長且擬歸後獨駕空舟以來，彼終夜與船員觀天上星宿，以定來往航行之方向。舟人亦皆歡樂忻喜，異乎尋常。天甫明，卽開船，風頗順利。及目不見島之時，有數奴婢卽事悲啼。舟人聞之生厭，但其他奴婢近慰之曰：「焉用悲啼，何不歡樂歌舞。」於是皆轉悲爲笑，羣起歌蹈。舟人見之又甚樂，乃相謂曰：「此較愈於悲啼也。」久之舟人各事其事，未嘗留意。當舟人不注意之際，奴婢等乘此時如蝗之飛，相躍而入海。航舟正値順風，爲如山之浪所送，迅如閃電，逃者皆在海中拍手歌笑，相距已一程（Parasange）（波斯里名，約華八里）矣。舟人知其能與海浪相逐，而又無返櫂捕取之望。全舟所載，惟吾父所購之一幼婢，尙閉置於艙內大室之中。吾父下艙，見其正覓隙投海，乃捕而繫之。歸印度之後，舟人共售舟中所餘之饈糧，每人所存之母金，祇餘十一而已。此事播傳之後，有留居印度之老叟一人來，語吾人曰：『君等偶至之島名魚島。余卽此島之人。昔日島中男女與海獸之牡牝相交，產生類其父母之人，蕃殖相生已久，故吾人半人半魚，水陸皆能久居。』至吾父攜歸之婢，產有六子，余卽其行第六者也。吾父繫留吾母十有八年，蓋是叟曾告吾父云：『如任其自由，卽歸海中，不爲汝有，蓋吾儕愛海之嗜甚深，莫能改也。』吾父歿後，吾等視母之被繫，頗爲惋憫。以爲爲子者，當孝敬其母，不應縛繫其母乃釋其縛紼而釋，吾人見其向外疾馳，如同奔馬，吾人追莫能及。路人見之者，詢之云：汝忍棄汝之子女歟？余母答曰：『恩伽圖（Enchartou）』。其意猶言我有何能顧及彼等。遂如魚投海，不知所終。